JN087627

世界の学校

世界の学校（'24）

装丁デザイン：牧野剛士
本文デザイン：畑中　猛

m-12

まえがき

『世界の学校』という教科書のタイトルは、編者のひとりである園山が学生時代に読んだ、放送大学の教材『世界の教育』（宮澤康人編）に端を発している。そこでは、ドイツ、アメリカ、ラテンアメリカ、アジア、イスラーム圏を対象に、またテーマやトピックスを中心に構成されていた。横断比較という比較教育研究の入門書とはなっていないところを魅力的に感じたのを記憶している。その後、比較教育学の教科書として『現代教育改革論』（江原武一、南部広孝編）や、『海外の教育改革』（坂野慎二、藤田晃之編）などがある。

今回は、タイトルにあるように、「学校」に焦点をあてるように心がけている。ドイツ、フランス、アメリカ、ブラジル、シンガポールについて、まず学校教育制度を第1部（第1章から5章）でまとめている。次の第2部（第6章から10章）は、同じ5か国を対象に、生徒、教員、保護者の視点からまとめている。第3部（第11章から14章）は、コロナ2019（新型コロナウイルス感染症：COVID-19）のなか、特に2020年3月からの2年間における初動について注目し、そこから各国が何を教訓にしたのかまとめている。

第15章では、5か国について日本の学校教育の視点からみた異同点の考察を行っている。全15章は、順に読み進めても、国ごとにまとめて3章分を整理しながら読んでも良いだろう。最終的に、読者のみなさんの学校観が多様化され、相対化され、自身の学校経験が客観化できることを願いたい。

園山大祐

〔共通用語に関する凡例〕

　日本では小学生を児童、中学生以上を生徒と区別するが、本書では国による違いもあるため、「生徒」という言葉に統一表記をした。同じように、「教員」についても、教師、教諭という呼称もあるが、基本的に「教員」に統一表記した。また障害、障がい、障碍については、「障害」に統一表記した。新型コロナ感染症（COVID-19）については、「コロナ2019」に統一表記した。国名についても簡略標記を採用し、「ドイツ、フランス、アメリカ、ブラジル、シンガポール」とした。

目次

8

第 1 部　教育制度

1 | ドイツの学校教育

辻野けんま

《目標＆ポイント》　本章の目標は、海外の学校教育にふれ、日本とどのような違いがあるのかを考えることにある。学校教育のしくみや実際の教育風景が、どのような背景からつくられてきたかに視野を広げ、この教科書全体を通して世界および日本の学校教育を考える入り口とする。

《キーワード》　教育上の自由、半日学校、終日学校、国家の学校監督、就学義務

はじめに

　日本の学校では、授業のほかに掃除や給食の時間があり、また、入学式・始業式・修学旅行・体育祭・文化祭と行事式典が目白押しである。学校の授業が終わった後に部活動をする風景もお馴染みだ。しかし、海外の学校に目を向けると、これらの教育風景が逆に珍しいものであることが分かる。本章では、海外の学校教育を考える入り口としてドイツに目を向けてみる。ドイツの学校の役割は「授業」を中心としており、それ以外の業務が限定的だ。学校が休日や長期休暇中に宿題を出すことは法規で禁じられていたりもする。義務教育段階での原級留置（留年）は日本では見られないが、ドイツでは珍しいことではない。このようなしくみや文化は、どのような背景からつくられてきたのだろうか。本章か

らは、「**国家の学校監督**」という歴史、ナチズムへの反省、戦後の民主化、PISAショック以降の教育改革など、実に多様な背景が学校教育と結びついていることが分かる。

　それでは、実際にドイツの教育について見ていこう。まず、実際の学校教育の風景について紹介し、次に、その背景にある制度をとりあげる。さらに、日本と異なる学校教育の特質がなぜつくられたのかを概観する。最後に、ドイツの学校教育において重視されている自由や民主主義と権力の関係について考える。

1. ドイツの教育風景

図1-1　授業の風景（筆者撮影）

図1-2　テントが置かれた教室
（筆者撮影）

　まず、ドイツの学校の教室の風景を示した**図1-1～3**を見てほしい。公立の小学校（Grundschule：基礎学校）の教室の風景だが、部屋の様子は実に様々だ。**図1-1**では子どもの作品を頭上に吊るし、**図1-2**では教室後方にテントが置かれ、**図1-3**は机・椅子を置かずに絨毯が敷かれている。教室のレイアウトをどのようにするかは、各学級の教員の考え方によって異なっているが、それは教育活動のあり方と密接なかかわりをもっている。

　例えば、**図1-2**の教室では、

図1-3　机・椅子のない教室
（筆者撮影）

授業中に子どもがテントの中で仮眠をとりに行く様子が見られた。この学級の教員によれば、子どもが疲れたときに一休みすると、リフレッシュして授業に復帰し集中できるという。また、**図1-3**の教室では一人で学ぶ子どもや数人で学ぶ子ども、テレビを見る子ども…と活動がそれぞれ違っていた。この学級の教員によれば、教員が一方的に決めた授業を全員に強制するのは良くないといい、「子どもが学びたいことを学べる学校にしたい」と語っていた。

　学級でどのような教育を行うのかは、ドイツでは一人ひとりの教員の専門的裁量の範囲とされている。かつて、日本の中学校を参観したあるドイツの教育学者が「日本の学校ではどうして先生が同じ教え方をしているのですか？」と尋ねたことがあった。それは、各教室の机が教壇に向かって整然と並び、生徒が制服に身を包んで授業をうけ、教員が黒板を背に子どもに問いかける、という風景を見て素朴に発せられた疑問だった。実は、ドイツでは、歴史的な経緯から、教育政策に従うだけの教育や横並びに歩調をあわせる教育にならないようにするため、教員の**「教育上の自由」**（pädagogische Freiheit）が法律で定められている。保護者の教育参加や生徒[1]の意見表明なども法定されているため、教員が独断で何をしても良いというものではない。教育制度の中で生徒・教員・保護者の関係性は、それぞれの立場の違いから複雑につくられているため、一つひとつ紐解いていこう。

2. 教員の働き方と教員以外のスタッフ

　ドイツの学校の授業は午前中で終わり、午後には帰宅して地域クラブ[2]に参加したり、家族とともに過ごしたりする。1日の過ごし方は**図1-4**のようになっており、伝統的に「**半日学校**」と呼ばれてきた。

7:00 8:00 8:45	11:00 11:45	13:00 14:00 15:00 16:00 17:00 18:00

通学路	授業	休み時間	授業	通学路	家庭、青少年援助、地域クラブ等	家庭

学校で過ごす時間	家庭・地域社会で過ごす時間

図1-4　ドイツの子どもの1日（半日学校の例。初等・中等段階。）
（筆者作成）

　近年では、午後にも教育プログラムをおく「**終日学校**」が増え、学校の役割も少しずつ拡大しつつあるが、それでも教員の役割の中心は「授業」であるとの原則は一貫している。そのため、日本のように夕方まで学校で行われる部活動はドイツにはなく、教員が顧問をして休日まで練習や大会への引率などを行うことはない。自主的なスポーツや文化活動は、むしろ学校外の地域クラブ（Verein）が受け皿となってきた。ちなみに、**図1-5**は**終日学校**の時間割の一例である（中学校にあたる段階に相当）。「終日」と言っても午後の時間がゆるやかであることは見てとれるだろう。

　では、ドイツの教員は実際にどのような働き方をしているのだろうか。教員は生徒が下校すれば退勤する。午後の時間は自宅で授業準備や採点・添削等をすることが多いが、比較的自由に過ごすことが可能である。夏休みなど長期休暇中に教員が学校に出勤することはない。教員の身分は日本と同様に公務員であり、身分は安定し休みも多いため職業的

		月	火	水	木	金
1	8:00-8:45	国語[一般・発展]	社会科	音楽	選択必修	生物
2	8:50-9:30	物理	選択必修	英語[基礎・発展1・2]	数学[基礎・発展1・2]	国語[一般・発展]
3	9:50-10:35	数学[基礎・発展1・2]	体育	化学	数学[基礎・発展1・2]	個別学習
4	10:40-11:20	労働科 化学	数学[基礎・発展1・2]	個別学習(教職員2名)	生物	選択必修
5	11:30-12:15	労働科 化学	物理	国語[一般・発展]	個別学習	選択必修
6	12:20-13:00		英語[基礎・発展1・2]	国語[一般・発展]		
7	13:00-13:40					
8	13:40-14:25	英語[基礎・発展1・2]	クラブ(任意)		社会科	音楽
9	14:30-15:10	英語[基礎・発展1・2]			体育	労働科
10	15:15-16:00	選択			体育	

図1-5　中等教育段階の時間割例（第8年生）―終日制学校の場合―

（ラインラント＝プファルツ州のA統合型総合制学校を参考に作成）

人気は高かった。教員の職務は授業に特化していると言える。

　このように聞くと、日本から見れば恵まれた職務環境のように思われがちだが、ドイツの教員もまた大きなプレッシャーの中で勤務している。なぜならば、生徒指導や部活動で指導力を発揮することがないということは、授業一本で生徒との人間関係が決まるということになるからだ。さらに難しいのは、日本の中・高にあたる中等教育の教員は、ドイツでは別々の2つの教科を担当しなければならない。塾も普及しておらず、宿題を出すことも規制されているため、生徒の学力は学校の授業と直結していることが、正に「授業一本」というドイツの厳しい現実だ。

　教員の役割は授業に特化しているため、学校では多様なスタッフとの連携が重要になる。学校には教員以外に、ソーシャルワーカーや学校心理士、教育士（Erzieher）、学校秘書、校舎管理人など、さまざまなス

タッフが勤務している。加えて、ボランティアや実習生、試補教員など正規の教員以外の人々も深く関わっている（辻野 2018: 47-49）。もちろん、どの学校にも十分な教職員が常勤で配置されているとは言えず、ソーシャルワーカーや学校心理士は複数の学校を兼担している場合も多い。授業が午前を中心に行われるため、午後に教員と入れ替わって非常勤の教育士が勤務するという風景も広く見られる。

　日本との興味深い違いとしては、保健室に勤務する養護教諭のような職はドイツの学校には配置されていない点がある。また、ドイツの校長は授業を担当する教員の一員であり、そこに管理・経営業務が付加された職となっている（辻野 2017: 139）。学校の役割が授業に特化されているため、ドイツの学校の教職員を最も大括りに分けるとすれば「授業担当職員」（教員・校長）と「非授業担当職員」に大別できる。

　教員というカテゴリーには、終身雇用の官吏（Beamte）である教員と、契約雇用の公務被傭者（Angestellte）の教員とがいる。官吏の中にも、フルタイム勤務のそれと部分勤務のそれとに分かれる勤務形態がある。実際に、部分勤務（3/4 ないし 1/2 など）を選択している教員も多いが、これらの勤務形態が可能なのは職務内容や職務範囲が明確だからと言える（辻野 2018: 49）。なお、日本のような勤務校を定期的にかえる人事異動はドイツには存在しない。本人の転出希望や学校統廃合等の特段の事情がないかぎり、同じ学校で働き続けることになる。そのため、同じ学校で二十年、三十年と勤務することは珍しくない。

　このような違いは、一つひとつの学校ごとの特徴なのではなく、州を単位とする教育行政のしくみ上の特徴でもある。それでは次に、教育行政のしくみに目を向けてみよう。

3. 教育行政の伝統と変革

「あらゆる学校制度は国家の監督の下に置かれる。」——国家がこのように宣言したならば、どのように感じるだろうか。穏やかならぬ宣言だと物議を醸すかもしれない。ところがこの一文は、現在のドイツ基本法（憲法）の第7条第1項そのものである。これまで述べてきたドイツの教育風景は、一見すると自由で民主的に映るかもしれないが、教育行政に目を向けると、逆に権威主義的な伝統も垣間見ることができる。

基本法のこの条文は、「**国家の学校監督**」[3]と称され、18世紀帝政プロイセンの絶対主義の時代に生成し、民主的なワイマール期、独裁的なナチス期を経て、その内実を変えながらも、現在に至るまで継受されてきた。もちろん今日のドイツが、ナチス期のような国家イデオロギーに支配された学校教育を再び進めることはありえない。むしろ、そのような国家支配が再び起こりえないような法制度上の改革が続けられてきた。

現に、戦後ドイツ（旧西ドイツ）で制定された基本法は、第7条1項の「**国家の学校監督**」の伝統を引き継いだだけでなく、「親の教育権」（第6条2項）や個人の「自由な人格発達の権利」（第2条1項）を保障するところとなった。そこから、学校教育をめぐっては、国家―親―子どもの「基本法上のトライアングル」として権利・権限の調和がとらえられている。先述した教員の「教育上の自由」は、教員自身が自利を図るために保障された権利なのではなく、公教育制度の理念でもある子どもの福祉へ向けられた、専門的な権限となっている（辻野 2016: 324-329）。

学校制度についても日本とは少なからず違っており、理解することは容易ではない。まず、中等教育段階に複数の学校種を擁する「分岐型学

校制度」である。初等教育として4年制の基礎学校は共通でありなが
ら、その上には別々の中等学校がおかれてきた。伝統的には、①就職・
職業訓練を受けようとする者が進学するハウプトシューレ（基幹学校）、
②上級専門学校などの全日制職業教育や中級職への就職を目指す者が進
学するレアルシューレ（実科学校）、③大学への道を目指す者が進学す
るギムナジウムである。現在では、ハウプトシューレとレアルシューレ
が統合されたり新たな学校種もつくられるなど、教育制度がさらに複雑
化している[4]。

　戦後は、教育の権能が16ある州（Land）に委任され（文化高権）、
各州が学校法規の制定や教育課程の基準の策定を担い、連邦政府は基本
的に学校教育に対する直接的な権能をもたないこととなった。そこで、
教育に権能をもつ「国家」（Staat）とは、基本的には「州」を指すよう
になっている。

　教育課程としては、日本の学習指導要領のような国レベルでの統一基
準はもたず、原則として州がこれについて権限をもっている。それぞれ
の州に文部省[5]が置かれ、全国的に調整が必要な事項については、連邦
の教育省ではなく各州の文部大臣が集まる「常設文部大臣会議」KMK
と呼ばれる）で審議される[6]。

　教育課程を具体的にどのように編成するかについては、各学校に一定
の裁量が委ねられている。実際に、ドイツでは学校毎にかなり多様な特
色が見られる[7]。学校教育の状況を把握し必要な場合に監督活動を担う
のが、州文部省の下に置かれる学校監督庁[8]である。**図1-6**は、**国家
の学校監督**の構造を概観したものである[9]。

　学校単位での教育課程の編成については、各学校の時間割にもその特
徴があらわれている（前掲の**図1-5**はその一例）。それぞれの学校に
よっても特徴が異なり、学校HPでは学校像や教育活動の重点が公開さ

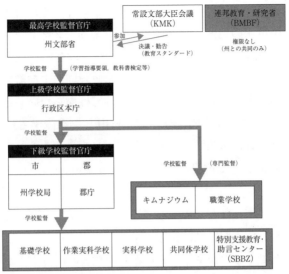

図1-6　学校監督の構造（バーデン＝ヴェルテンベルク州）
（筆者作成）

れている。重要なのは、そこで示されている教育理念や計画が、教育行
政から「与えられた」ものではなく、それぞれの学校の生徒・教員・保
護者が集う「**学校会議**」で共同決定されているということだ（第6章参
照）[10]。

4.　教員の職務範囲と学校教育の「射程」

　学校の重要な事柄が保護者や生徒との共同で決定されているとすれ
ば、「モンスターペアレンツがいたらどうするのか？」との疑問が生じ
るかもしれない。また、「生徒のわがままが罷り通らないのか？」と
いった疑問もありうるだろう。ここで、先述した教員の「教育上の自
由」が法定されているということを思い出してほしい。学校についての
すべてが共同決定されているわけではなく、むしろ役割分担がはっきり

しており明確な棲み分けが存在するのだ。このことを理解するために、教員の役割や権限の範囲について考えてみよう。メクレンブルク＝フォアポンメルン州学校法第 100 条第 2 項には、「教師の教授・教育活動にとって不可欠な教育上の自由は、法規・行政規則および職員会議の決定によって、不必要ないし不当に介入を受けてはならない」と定められている。このように、教員の「教育上の自由」を保障する州法上の規定は、今日ではあらゆる州で一般的に認められる事実となっている。裁判でも自明の原則として前提にされる（Avenarius & Hanschmann 2019: 666）。

　教育課程の基準を誰がどのように定め、その基準がどのくらいの拘束力をもつのかという問題は、実際に学校で教育活動にどのくらい特色を生み出すことできるのかや、一人ひとりの教員の創意工夫がどのように発揮されるのか、といったことと対をなす問いでもある。教育の保障をめぐる議論には、①どの学校に通っても同じような教育が受けられる基準をつくる方向性と、②それぞれの学校が「与えられた基準」ではなく自ら創意工夫する方向性とに大別される。学校それぞれが創意工夫すれば「同じような教育」にはなりえないから、この両者は多分に二律背反の関係にもある。しかも、両者はどちらにも一定の正当性があり、二者択一で考えるよりも、両者のバランスをどう調和させるかが鍵となる問題と言える。

　「教育は人なり」と言われるが、学校教育で教えられることには公的な基準が多く存在し、現場の教員の「自由」にはならない制約がいくつもある。教員の授業や教育活動などのミクロ・レベルの営みは、公的な教育課程基準や教育スタンダード、共通テストなどのマクロ・レベルの政策に常に影響を受けている。そしてマクロな政策や制度とミクロな実践とは予定調和しないのが常でもあるため、両者を折衷する地域・学校

表1-1　学校教育の多層構造

	制度（装置）	具現化の例
マクロ・レベル	憲法、学校法、教育計画、就学規則、修了規則、資格、学校行政、質保証措置	文化政策、教育政策、学習指導要領、教育行政、人的管理（養成・研修）
メゾ・レベル	自律性保障規則、管理法	「学校政策」、実際の学校管理、学校開発、地域の参加、学校文化
ミクロ・レベル　教員	授業形成に関わる規則、方法と教授法、助言業務、教育業務	実際の授業プロセス授業文化、教員の行為
ミクロ・レベル　生徒	成績水準、試験規則、合格条件修了規則、参加規則、校則（規範）	実際の利用姿勢、学力、人格的成長

（Fend 2008: 17を一部改変して筆者作成）

単位でのマネジメントがメゾ・レベルの営為として重要になる。**表1-1**は、このような公教育のガバナンスの様態を、教員や子どもというミクロ・レベル、学校というメゾ・レベル、教育制度や政策というマクロ・レベルの総体として類型化したものである。学校教育がこのような多層的な公的制度から構成されているとの視野がなければ、教育問題は教員の問題や子どもの問題、家庭の問題など、目に見えるミクロ・レベルの問題として片付けられてしまう。

5.　就学義務にみる学校と国家の関係

　OECDによるPISA[11]の第1回結果公表（2001年）により、ドイツの子どもの「学力」が国際的にも高くないことが示され、「PISAショック」と呼ばれる国民的衝撃を生じさせた。以後、数多の教育改革がなされてきた。教育スタンダードの策定や共通テストの実施、学校評価の導入などは、PISA後の教育改革を象徴する政策例である。**半日学校**から**終日学校**へ、という流れも学校の役割を拡大する目的をもって推進されてきた。

ドイツのある校長が語った次の言葉は、学校の終日化が拡大する中で、「学校は午前、午後は家庭・地域社会」といった従来の〈学校―学校外〉の役割分担が変容している状況を、端的に表現している。

第二次世界大戦後、学校の教育独占への反省から**半日学校**への変革がなされ、家庭教育との棲み分けがなされるようになりました。（…）しかし、共働き家庭の増加などの現代的な状況から再び**終日学校**が求められています。（…）本校も終日制化を経営レベルで合意しましたが、学校が教育の独裁者となってはならないのです。（辻野 2016: 302）

ここには、教育が学校だけに収斂されてはならないことや、家庭教育や社会教育のすみわけの重要性が表現されている。かつて教育が全的に「国家化」された戦前・戦中期への強い反省から、今日でも学校の終日化拡大の動きに対しては、学校外教育の立場からの批判もある。先述したように、学校が子どもに宿題を課すことが規制されているのもまた、国家の教育施設としての学校が、そもそも自由な家庭や子どもの午後の時間を「学校化」しすぎないためだ。子ども自身の自由な時間の確保は、他者からの介入を受けずに自らの人格を自由に発達させる権利（基本法第2条1項）を保障するドイツ社会の特徴でもある。そうであればこそ、午後に学校の時間を延長する終日化の問題は、ドイツの伝統からの転換点をなしており、賛否の議論を巻き起こすことにつながっている。

義務教育の制度には、学校への通学・就学を前提とする「**就学義務**」のほかに、学校のみに限定されず家庭や地域社会での教育を認める「**教育義務**」もある（第2章フランス参照）。ドイツは日本と同じく**就学義務**の制度をとる。それでは、国家が**就学義務**を市民に課すということに

は、どのような意義や課題がともなうのだろうか。ある著名な学校法学者は、ドイツの**就学義務**の特質について次のように述べている。

> 授業への規則的な出席を義務化したり、学校で扱われる題材への予習・復習を義務化することは、当事者となる子どもの基本権への重大な介入を意味しており、その正当化には特別な理由が要される。（Rux 2018: 39-40）

つまり、**就学義務**を通じて国家が個人に強制力を行使するということは、決して自明に肯定されるものではないということだ。学校は何のために通うのか。学校で身につく力とは何か。それは家庭や地域社会ではなしえないのか。**就学義務**による強制は必要かつ妥当な範囲にとどまっているのか（過剰な強制になっていないか）。

「なぜ学校に通わなければならないのか？」という**就学義務**の正当性をめぐる問いは、教育制度に目を向けると、実は、教員というミクロ・レベルの主体では応答しきれない問いである。むしろこの問いにまずもって応答するべきなのは、**就学義務**という制度を課している国家という、マクロ・レベルの主体なのだ。

おわりに

ドイツの学校教育は、「国家の学校監督」の伝統をもちつつ、教員の「教育上の自由」の法制化や子ども・保護者の教育参加（第6章参照）による民主化を特徴としている。子ども自身にとっての学校教育の意義とは、大人が子どもに要求する意義とは異なるものである。子ども自身にとって「何のために学校で学ぶのか？」ということに納得がなければ、**就学義務**にともなう強制性は苦痛へと転じてしまうだろう。

子どもがどのような家庭に生まれ、どのような地域に育ったとして

も、**就学義務**を通じて格差が是正され、あらゆる子どもの発達が保障されなければならない。その意味において、学校教育の意義を見出すことは一定可能である。しかし、**就学義務**に一定の意義があるということと、この制度の強制力はどこまで許容されるかという問いは、別の問題である。**就学義務**にともなう強制性は、必要かつ妥当な範囲にとどまっているのだろうか。また、そもそも**就学義務**の正当性という問題は、国家によって十分に説明が尽くされているだろうか。学校教育が肥大化してしまうならば、教員の労働が無境界化されるだけでなく、子どもが家庭や地域社会など学校外で自由に育つ機会を損ねることにもなるだけに、学校教育の「射程」（目的・範囲・限界）こそが問われなければならない。

参考文献

辻野けんま（2016）「ドイツの学校は国家とどう付き合ってきたか」末松裕基編『現代の学校を読み解く―学校の現在地と教育の未来―』春風社、297〜331。
辻野けんま（2017）「ドイツの学校管理職養成」篠原清昭編『世界の学校管理職養成』ジダイ社、139〜160。
辻野けんま（2018）「ドイツの学校の役割と教職員」藤原文雄編『世界の学校と教職員の働き方――米・英・仏・独・中・韓との比較から考える日本の教職員の働き方改革』学事出版、46〜52。
二宮皓編（2013）『新版 世界の学校――教育制度から日常の学校風景まで』学事出版。
藤原文雄編（2018）『世界の学校と教職員の働き方――米・英・仏・独・中・韓との比較から考える日本の教職員の働き方改革』学事出版。
結城忠（2019）『ドイツの学校法制と学校法学』信山社。
Fend, H. (2008), Schule gestalten; Systemsteuerung, Schulentwicklung und

Unterrichtsqualität, VS Verlag für Sozialwissenschaften, Wiesbaden.

Hermann Avenarius／Felix Hanschmann（2019）, Schulrecht, 9. Aufl., Carl Link.

Johannes Rux（2018）, Schulrecht, 6. Aufl., C. H. Beck.

》》注

1　日本では、小学生を「児童」、中・高生を「生徒」として区別するが、ドイツでは小・中・高での区別はなされないため、本章では表記を「生徒」に統一する。

2　フェアアイン（Verein）と呼ばれる。スポーツから芸術活動までを担う多様な団体があり、ドイツの子どもが午後に学校外で過ごす機会をつくってきた。なお、地域クラブは、学校制度のように年齢・学年で区切られないため、大人も参加することができる。

3　「国家の学校監督」とは、広義には、学校の制度から教育の目的・内容等にわたる国家の包括的な権能を指し、「学校高権」と呼ばれる。狭義には、学校に対してなされる統制的・介入的な作用を指す。ここには、①専門監督、②服務監督、③法監督の３種の形態がある。①専門監督は、教授・教育が専門的、内容的、教科教授学的な要求と合致しているか監視する作用である。②服務監督は、官吏（公務員）である教員に対して、職務上の義務の遵守を確保することに向けられる。③法監督は、外的な学校事項について責任を負うべき学校設置者へと向けられ、学校設置者の行政活動の適法性のみを監視する。

4　伝統的な３つの学校種の他に、それらを統合するゲザムトシューレ（総合制学校）が存在してきた。加えて近年では、新たな学校種が各州の学校制度の中で設置されるようになっている。呼称や形態は州ごとに異なるが、いずれも一般の学校と同列に位置づけられる。さらに、近年のインクルージョンへの教育改革の下で、支援学校の位置づけも大きく変容した。

5　州により教育を所轄する省名は様々だが、本章では一括して「文部省」（Kultusministerium）と呼ぶこととする。

6　基本法は、連邦が州の教育に影響を与えるのは、州との「共同」においてのみと定めている（91b条）。

7　こうした学校ごとの特徴は、「学校プロフィール」と呼ばれ、その内実を具体化したものが学校プログラムとされている。日本の学校教育目標における「知・

徳・体」のような共有性があるわけではなく、むしろ学校ごとの特徴が大きくなっている。

8　学校監督の構造や各機関の呼称は州により様々だが、本章では「学校監督庁」と呼ぶこととする。

9　**図1-6**は、バーデン＝ヴュルテンベルク州を例に構造化したものである。なお同州では学校監督が3段階の構造をとるが、他に2段階ないし1段階の構造をとる州も見られる。

10　ドイツの学校経営は、教員―保護者―子どもの教育参加と「合意形成」を基礎としており、学校の最高議決機関として三者が参加・共同決定する「学校会議」（呼称は州により異なる）が設置されている（第6章参照）。

11　PISA（Program for International Student Assessment）とは、OECD（Organisation for Economic Co-operation and Development: 経済協力開発機構）が3年に1回行っている国際学習到達度調査である。

学習課題

1．海外の教育に目を向けることで、学校教育についてどのような新しい視角を得ることができるか、ドイツの例を参考にしながら、あなたの考えを整理しなさい。

2．学校教育の「射程」という考え方について、教員の専門性や学校外の学びとの関係を視野に入れて、あなたの考えを整理しなさい。

2 | フランスの学校教育

園山大祐

《**目標＆ポイント**》 本章のねらいは、日本とは異なる学校教育制度について知ることや、ほか4か国との違いについて理解することにある。なかでも、教育義務、修得主義、政教分離といったフランスの特徴について考えを深め、今後の日本の教育のあり方について考える材料とする。

《**キーワード**》 教育義務、政教分離、公教育の三原則、特殊教育、教育委員会、地方分権化

はじめに

　フランスを観光していて、朝8時すぎにホテルの前にみえる学校に、親子で登校する様子を観察してほしい。街中には、普通のアパートの入り口らしきところに学校があり、その正門の中は見えないため、登下校の時間帯を逃すと、ほとんど気づくことは難しいが、登下校時には、正門の前に親子が集まり、親同士、あるいは校長先生と親子の会話の様子がみられたりする。これは、保育学校（école maternelle）と小学校で保護者による送り迎えが習慣となっているためである。子どもの引き渡しは正門の外で行われ、校内には許可がない限り入構できない。正門には校名が書かれた表札と国旗が掲げられていて、よく見ると建物が学校であることはわかるが、日本のように、校舎の周りがフェンスで囲まれたり、校庭があったり、プールや体育館があるわけではないため、建物の中の様子がみえないのが都市部の学校の特徴である。これもまた、フ

ランスの学校の一側面を表している。つまり、校舎の内と外は物理的な壁によって分断され、責任の所在も明確に分けられていることの象徴である。正門の外では生徒[1]は子どもと認識され、その責任は保護者にあるが、内側では生徒として校則に従って教職員が責任を持つとされ、正門を通ることで親子共々が認識を切り替えることが求められる。映画のタイトル（『パリ20区、僕たちのクラス（Entre les murs）』）にも使われているフランス語に、壁の内（entre les murs）と壁の外（hors les murs）という表現があるように、登下校時、教職員、生徒、保護者のすべての人にとって学校の内と外とを隔てる壁を前に認識の切り替えが求められる。

1. 学校の特色

　フランスの場合、この認識の切り替えは就学前教育の2歳ないし義務教育の対象となる3歳から求められる。この保育学校での教育は、初等教育の一環として、初等教員によって担われ、生徒には一定時間の座学を含めた教育（知育）が施される（例えば、映画『ちいさな哲学者たち』）。この認識の切り替えは、学年始（9月）の初日にやってくる。保育学校に初めて登校する生徒は、初日から学級に自分の机と椅子が与えられ、長い時間座ることが求められる。最初の20分ほど親が特別に初日のみ教室まで同伴するものの、そのあとの下校時まで親と接することはない（昼休みに下校することは可能。給食は任意。給食後に小学校1年生までは昼寝の時間もある）。保育学校の3年間および小学校の5年間、毎日8時から16時半まで学校生活が週4日ないし週4日半続く（週4日とするかは市町村単位で決定できる）。学校と家庭の教育の峻別が明確なのが欧州の特徴の一つと言える。なお、フランスでは**就学義務**がないため、長時間拘束される公立学校教育を嫌って私立学校や

ホームエデュケーションを選択することも認められている。つまり、**教育義務**の国である。それでも、フランスでは、大多数が公立学校を選択する。国家公務員による、国が定めた学習指導要領に従った教育課程に基づく公立学校と、宗教教育以外は公立と同等の教育課程および教員による国家との**契約私立学校**に信頼が寄せられている。こうした宗教（教会）立の私立学校のうち、95％は契約私立である。なお、総生徒に占める私立学校の在籍率（2021年）は、初等で13.4％、中等で21.3％、普通・技術高校で21.4％である。

2. 国民国家フランスの特徴

　国土面積は、63万㎢、うちフランス本土は55万㎢である。人口は6,781万人（2022年）である。つまり人口密度は日本の4分の1となる。このことは、以下に見る学校数や、学校規模とも関係する。なお、合計特殊出生率は　1.83（1人の女性が生涯に産む子どもの数）（2021年）であり、先進国の中では健闘しているが、人口減少傾向を伴う高齢者率が高い社会であることに変わりはない。国内総生産は、2兆9578億万ドル（2021年、世界7位）、1人当たり4万3,659ドル（同年、世界28位）で、日本に近い。

　フランス国家の特徴は、フランス語を介してフランス人化するということにある。そのため公教育の成立は重要な意味を持ち、国民統合装置としての役割を持っている。国内に存在する地域語（アルザス、オクシタン、コルシカ、バスク、ブルターニュなど）を排し、フランス語のみを教授言語と定めてきた歴史背景がある。1980年代以降にこうした地域語が現代語（外国語）として選択できるようになるが、海外県を含め、未だに教授言語としてはフランス語しか認められていない[2]。また**政教分離**（国家や政府と教会が分離され、互いに干渉しないことを定め

た制度）を核とするため、公立学校においては他の欧州諸国と異なり、**公教育の三原則**（無償、義務、宗教的中立）として宗教教育が施されない（アルザス地域圏は例外とされる）。出生地主義に基づく国籍法を持つフランスでは、18歳になる誕生日を迎える日に、国籍の選択をすることになる。18歳から遡って5年間滞在歴があること、フランスに生まれていること、法を犯したことがないことを条件に、フランス国籍を選ぶことが認められる。なお多重国籍も認められる。そのため、多くの移民の子孫がルーツのある国の国籍を保持したままフランスの国籍を取得し、定住している。かれらのアイデンティティ形成において義務教育の経験は軽視できない期間である。13歳からの5年間フランスで滞在したことを想定して、義務教育期間である16歳までの3年間の教育経験を重んじた国籍法と言えるこの前期中等教育期間は、フランス語、フランスの歴史や文化に触れたことを証明することになる。むろん、一部の移民・外国人は、外国人学校や国際学校など私立学校を経験しているため、フランス語、フランスの歴史等を学んでいない人も含まれるが、ほとんどは公立学校ないし契約私立学校に在籍する。フランス語を教授言語とし、フランスの学習指導要領に即して学んでいるため、フランスへの同化ないし、複数の言語文化を併用するのが一般的である[3]。フランスでの義務教育経験（の有無）が国民の統合装置として機能し、国籍法のあり方にも大きな影響を与えている。これは、フランスの国民国家の成立史と人口減少や植民地史の背景と深い関係にある。学校の文化や制度を理解する助けとなる重要な要素である。

3. 教育行政のしくみ

（1）教育制度

　フランスの学校体系は、3－5－4－3制となる（巻末資料3参照）。

初等教育は、任意である2歳児を除いて、3歳から保育学校に3年、6歳から小学校に5年の計8年間在籍する。古くから就学前教育に力をいれており、1980年代から就学率はほぼ100%である（2歳児は約1割）。これは、女性の社会進出、共働きを保障する社会を目指した1968年の大学紛争（「5月革命」）に由来する。ただし、義務教育開始年齢の改定は1882年以降初めてであり、2019年の「信頼できる学校のための法律」（通称J.-M.ブランケール法）では、新たに3歳から16歳と規定された。

　初等教育は、保育学校と小学校からなる。2021年の保育学校は公立が15,119校、私立が138校と公立が多数を占める特徴がある。保育学校は、**社会化**と知育の両方が目的とされていることから、初等教員として同じ免許状を取得した小学校の教員と同一の学習指導要領に従って授業計画を作成する。19世紀来、女性の解放と生徒の社会性を身につける場所（保育所 salle d'asile）として確保され、整備されていくが、1881年のJ.フェリー法以降、小学校と同等資格者である初等教員が保育学校でも教えるようになる。興味深いことに、当時小学校以上はすべて男女別学であるが、保育学校は当初から共学であった。そして教員は女性のみとされていた。

　中等教育は、4年間の中学校と、3年間の高校の7年間からなる。中学校は、小学校の高学年（4, 5年生）と中学校1年生が同一**学習期**に位置付けられたため、2014年度からは小学校教員と中学校教員の連携会議が設置された（2013年7月10日付政令）。**原級留置（留年）**を抑えるよう、教授法を含めた情報交流や、フランス語と数学を中心に中学校教員が小学校の授業に参加するなど様々な取り組みが実践されている。また小学校最終学年の5年生は、学区内の中学校で授業見学をすることも慣例となっている。日本同様に中1プロブレム予防として、中学

校文化の導入を小学校の最終学年で体験するよう促している。こうした学校段階における差異は、日本でも認められるが、西欧においては、第2次世界大戦後も、長らく、複線型の教育制度が続き、中等教育の総合制化が 70 年代以降にみられたものの、80 年代以降も教員や学校文化には初等と中等の分断がみられる。つまり、フランスの中学校は 1975 年のアビ法によって 1977 年から全員同一の教育課程に単線化され、**統一中学校**（collège unique）となる。とはいえ中学校は、それ以前まで中産階級以上の学校種としていたため、庶民階層向けの小学校高等科とは異なる（**修得主義**の）学校文化に溶け込めない層の留年および中退が問題化した。また当初は、中学校教員と高校教員とは別の免許状であり、校種も区別されていた。ちなみに男女共学は、中学校では 1963 年のフーシェ・カペル法、高校では 1959 年のベルトワン法を待たなければならない。ただし、1968 年時点では、中等の約半数の学級しか共学とはなっていない。そのためアビ法による共学の全面実施は、効果的であったが、それでも体育など一部の教科において男女別は 1990 年代まで維持されたり、職業高校において一部の課程は男女どちらかに限定されたままであった。また初等と中等の教員文化（免許状）の分断の克服も、1990 年以降の教員養成機関の改革を待たなければならない（第7章2節参照）。

　さて、留年および飛び級が認められているが、義務教育終了の 16 歳とは、高校 1 年生となる。後期中等教育では、普通、技術、職業高校、あるいは職業見習い訓練所（CFA）に分岐する。このほかに、農業高校と海洋高校があるが、これらは国民教育省とは別の省が管轄している。なお、中学校と高校の終わりにそれぞれ国家試験がある。高校進学に際して、入学試験はなく、書類審査（内申書）によって希望する学校に入学できる。普通高校に 5 割強、技術高校に 2 割、職業高校に 2 割強

の割合で進学する。高校の１年目は共通課程となっている。高校２年から、普通高校は、最近までは３つの系（文系、経済・社会系、理系）に分かれていたが、2019年度より３つの系の代わりに、共通教科と個々の関心に応じた選択による専門教科を履修することになった。共通教科として第２学年で、フランス語、地理・歴史、外国語（２言語）、体育、科学、道徳・公民、第３学年で哲学、地理・歴史、外国語（２言語）、体育、科学、道徳・公民である。専門教科は、第２学年３教科（各週４時間）、第３学年で２教科（各週６時間）となっている。高校３年の終わりに普通バカロレアを受け、約８～９割が合格し、ほぼ全員が高等教育に進学する。2021年開始の新バカロレア（大学入学全国統一試験）では、学年末に実施する試験の教科数が削減（第２学年ではフランス語、第３学年では、４教科、うち専門教科２教科と哲学、最終口述試験に変更）されるとともに、成績表をはじめとする通年評価がバカロレアの得点に反映（全体の４割）される。通年評価の内訳は、成績表１割、学年を通して実施される３回の共通試験３割として評価される。

　なお、普通バカロレアは1808年に制定された全国統一国家試験であり、毎年学年末に開催される。受験回数、年齢制限はない。毎年、最年少は13歳か14歳と若く、飛び級制度によるギフテッドな生徒が取得している。試験は、論述式筆記試験と一部口述試験がある。20点満点で10点以上で合格となる。1990年頃まで、取得率も３割と抑えられていたため、伝統と威信に満ちた国家資格とされていた。また、フランスでは20点満点は存在しないというほど、稀で、厳格な評価が実施されてきた。近年、バカロレア取得率が８割を超え、また特記評価という名誉評点が増えて、採点が甘くなっているという見立てもある。それでも、毎年６月のバカロレア試験時には、特に普通と技術高校３年生全員が受験する哲学の試験（論述式・４時間）では新聞、テレビ、ラジオ番組が

模範解答を巡って報道が過熱するほど国民の関心は高い。例えば、2022年6月15日に実施された普通バカロレアの試験問題では、次の3つのうちから1つを選んで解答せよという問いである。

1．芸術活動は世界を変えるか。
2．正義を決めるのは国家か。
3．A＝A.クールノー著『知識の根拠と哲学的批判の性質についてのエッセー』（1851年）の抜粋テキストを解説せよ。

　技術高校では、工業・持続可能な発展系、実験科学系、マネージメント・経営系、健康・福祉系、デザイン・応用芸術系、ホテル業・外食産業系、音楽舞踏系、農学・生物系の8つの系に分かれている。技術バカロレア（1968年制定）を受け、約8〜9割が合格し、取得者のうち約8割が進学する。職業高校では、工業系と商業・サービス系に分かれている。2年課程の200種類ある職業適格証（CAP）を目指す生徒もいるが、近年は職業バカロレアを目指す生徒が大半を占める。職業バカロレアには約100種類の資格・職業につながる教育課程が用意されているが、この課程には中学校までの成績等によって進路選択が行われていて、中には狭き門として名声のある職業高校（職人的な課程）もあるが、成績不振者のための課程として不人気でもあり、不本意入学者も少なくない。とはいえ、1985年に制定されたこの職業バカロレアは、もっとも新しい国家試験であり、近年は取得率も高く、また取得後は就職者が多いが、一部は高等教育への進学もみられる。J.-P. シュヴェーヌマン元大臣の下、すべての子どもに後期中等教育を修了させるという新たな目標を達成するために、1985年に「職業バカロレア」が設置された。2020年のバカロレア合格者は、同一年齢層の87.0%（普通バカロレア46.3、技術バカロレア18.0、職業バカロレア22.8）である。高校の大衆

化に、技術そして職業バカロレアの新設は大いに貢献したことになる。同時に、中途退学者は、1965年の38%から、2022年の7.8%まで減少している。

　最後に、**特殊教育**として、通常学校内に、特別支援・適応ユニット（ULIS、UPI、UPIpro、SEGPA）が存在する。約43万人（総生徒数の3.3%）がこの対象となる。これらユニットに一時在籍する生徒は少なく、多くは通常学級に包摂される。通常学級に包摂するために、約13万人の支援員（AESH）が、個別の支援に携わるために雇われている。こうした障害児の包摂に向けて、全教員養成課程では、25時間の障害児に向けた教授法の授業を受けることになっている。あるいは、166ある医療教育系のチームと連携を組むことになっていて、必要に応じて来校し、医療的な支援が受けられる[4]。1975年の障害者基本法を経て2005年の障害者の権利に関する法以来、基本的には学区の通常学校に包摂することが求められている。

（2）国と地方（教育委員会）の権限のバランス

　フランス本国は地方自治体で構成され、その構成員である市町村、県、地域圏（région）の議会は直接普通選挙で選出される。各自治体は定められた権限に基づいて、それぞれのレベルで自治を行う。海外に位置するフランス領土は、多様な地位を有する。グアドループ、マルティニック、ギアナ、レユニオン、マイヨットは、県・地域圏の地位を有する。

　教育行政は、教育専門家によって管理・運営されることが大きな特徴である。一般行政とは別に、フランス本土および海外県を含めると30の大学区（académie：教育行政単位）があったが、2016年地域圏の再編に伴い1ないし3大学区で構成される16の地域圏大学区（région

académique）が設置されることになった。そこに地域圏大学区総長
（Recteur）を置き、約100の県に地域圏大学区国民教育事務局長を置
いて、学校や教職員の管理を行っている。これら総長や事務局長が、大
学教授や、教育の専門家から任命されることで、一般の政治支配から教
育を独立させていく方法をとっている。

　さらにこうした教育や学術に関する専門家によるコントロールと並ん
で、教職員、保護者、生徒、学生などの団体の利益代表が参加できる[5]、
多様な諮問機関（審議会、委員会）が設置されていることも特色であ
る。このような各種の諮問機関において、教育政策や学校経営に関する
多様な意見表明をする機会が実現され、プロフェッショナルなコント
ロールと利害関係当事者の参加によるコントロールが併存している。

　また近年は、教育改革を進める際に「国民的な討論」と題して一定期
間、全国各地で集会を開き、教育の専門家（大臣、**視学官**[6]、研究者な
ど）と一般人（保護者、生徒、ジャーナリストなど）相互の対話や意見
交換を行ったり、ネット上にアンケートを実施し、国民の意見集約を進
めている。

　教育は国の公共サービスとされ、地方自治体の県や市町村などは、学
校の設置・管理・維持を主として担い、教育施策の実施に関わる様々な
委員会・審議会に、その代表として関与するほかは、限られた権限にと
どめられている。そして公立学校の教員はすべて国家公務員であり、人
事管理や教育課程の管理などは国が権限を有し、地方の教育行政は、国
民教育省の出先機関としての地域圏大学区総長、地域圏大学区国民教育
事務局長、国民教育視学官などによって行われる（**表2-1**）。

　国レベルでの諮問機関は、中央教育審議会、教育高等審議会、労使同
数行政委員会、国民教育地域審議会、国家同数行政委員会、国民教育省
の専門職業諮問委員会、全国高校生活審議会、教育制度評価審議会が

表2-1　**教育段階別の権限配分**

権限＼機関	設備投資	物的機能	教育的機能	教員の人事・昇給	教育職員	教育課程	資格・学位の認証
大学	国	国	国	国	国	国	国
高校	地方	地方	国	国	地方	国	国
中学校	県	県	国	国	県	国	国
小学校・保育学校	市町村	市町村	市町村	国	市町村	国	国

ある。

　こうした諮問機関には、教育・学術の専門家と教育の各種利害関係者の代表参加によって、民主的な方法で教育の方向性を定め、諸課題の析出を行うことで、教育・学術の専門家によるコントロールとの併存を維持しようとしている。

　地方分権化政策は1982年の地方分権化基本法以来進められてきたが、未だ限定的である。後期中等段階の高校、職業高校、特殊教育、継続職業訓練および見習い訓練などについては、地方議会が関与し、学校の設置、維持、修復等や、教員以外の職員の人事管理を担う。そして県議会が、中学校に責任を持ち、その設置および維持について権限を持ち、生徒の通学輸送、給食事業、職員の人事管理、学区について権限を持つ。加えて、放課後の学習活動、スポーツや文化活動を企画することができる。市町村議会は初等学校である保育学校と小学校の設置・維持の責任を持ち、職員の人事管理、学区の設定、生徒の配置の権限を有する。また市長は、学校の開校・閉校時間など「学習リズム」（第7章2節参照）の編成を決めることができる。放課後の学習活動、スポーツや文化活動を企画することができる。

（3）学校の管理運営

　初等教育機関としての保育学校と小学校は、法人格を有していないため、その学校自体として有する権限は限られており、上記の国民教育視学官（教育行政）が統括する。そして施設整備や財政面については市町村が担当している。学校ごとに設置される「**学校評議会**（Conseil d'école)」が、学校の規則や学校教育計画を決定する。他方で、中等教育段階の中学校や高校は、地方教育公施設法人（EPLE）としての地位を有し、国を代理する校長が指揮し、「**管理評議会**（Conseil d'administration)」によって学校運営の意思決定を行う。

　学校ごとに「学校計画」が策定され、それは3ないし5年を期間として、管理評議会により採択され、学校の目標、学習指導要領の実施のための方法、学校における教育活動および課外活動の方法を示すことになっている。この計画書は、大学区にて審査される。2010年からは、学校運営に関わって校長は、その学校の校則および学校計画を、入学する生徒の保護者に対して提示しなければならなくなった。

　保育学校と小学校に設置される「学校評議会」は、校長、全教員、特殊教育教員、国民教育視学官、市町村長、市町村議会議員、地域住民代表、保護者代表等で構成される。原則として各学期に1回開催し、当該校の教育活動と運営について審議・検討する役割を担っている。具体的には、校則の採択、週時間割の編成、学校計画の採択、課外活動の承認を行う。そのほか、全国的課題として設定された各種の目標を達成するための教育活動、学校予算の使途、障害のある生徒の包摂、課外活動、給食、学校保健・安全について審議する。また教科書や教材の選択および特殊教育体制についても報告を受ける。

　中等学校である中学校と高校の「管理評議会」は、学校管理者と地方自治体、教職員、生徒と保護者といった3つのグループから構成され、

それぞれの委員席が3分の1ずつ割り当てられる。中学校の場合、学校規模が600人以上では30人、600人未満では24人で構成され、高校は一律に30人である。管理評議会の主な役割は、学校計画、校則、授業時間の編成、会計報告などの採択や、選択教科の設置、教材の選定[7]、学校の保健・安全、保護者への情報提供や学校生活への参加の方法などについて審議を行い、校長に意見表明する。また、一定の条件で学校予算の使用方法を決定する。

おわりに

　2017年5月にエマニュエル・マクロンが大統領に選出され、2022年5月に再選している。第1次マクロン政権では、ジャン＝ミシェル・ブランケール元国民教育大臣の下、経済的に厳しい優先教育地域の小学校第1学年の学級規模を半減、中学校では、バイリンガル学科の復活、古典語の重点化、横断教科の軽減、学校の自治の拡大を促進した。なかでも2018年度に実施した高校改革におけるバカロレア試験の改定は、教職員組合及び高校生の全国自治会と衝突することになる。2019年夏に実施されたバカロレア試験の採点官がボイコットする事態にまで発展した。2020年春からはコロナ2019禍においては、一貫して学校を開校し、対面授業を基本とする方針を進めた（第14章2節参照）。結果的には、教育界からは不人気な大臣であったにもかかわらず、第5共和政における最長の任期（5年）を満了している。

　2022年5月には、第2次マクロン政権の国民教育大臣としてパップ・エヌディアイが任命された。自身セネガルの父を持つマイノリティで、アメリカの黒人マイノリティ史を専門とする学者である。着任時から教員の社会的評価の見直しに向けた昇給や病気休職などによる教員の代替措置の改善を約束し、2023年春に法案は採択された。基本給は、

2020年度比10％の昇給が約束された（第7章2節（3）参照）。初任給は初等・中等・生徒指導専門員・国民教育心理相談員ともに手取り月2000ユーロ以上になる。最初の15年間の俸給表も見直された。教育実習生も月160ユーロの昇給となる。あるいは俸給表の等級の昇格に必要な年数が短くなる。さらに超過勤務手当（補習授業、宿題伴奏支援など）について2023年度より充実させることで、学習の定着と教職の魅力を高めるとしている。

　2023年7月に新たに戦後最年少の大臣ガブリエル・アタルが任命された。

参考文献

伊藤実歩子編（2020）『変動する大学入試』大修館書店。
園山大祐編（2016）『教育の大衆化は何をもたらしたか』勁草書房。
フランス教育学会編（2018）『現代フランスの教育改革』明石書店。

〉〉注

1　日本の児童生徒の区別をフランス語ではしていないため、本章および第7章、第14章では保育学校および小学校の児童についても生徒と呼ぶ。
2　ただし、唯一の公用語としてフランス語が定められたのは1992年の憲法改正を待たねばならない。
3　1989年教育基本法の付属報告書において、2つの言語（地域語を含む外国語）の習得が学校教育の目標として法律で定められた。小学校では13言語、中学校では17言語、高校のバカロレアでは25の選択言語から選べる。
4　巻末の学校系統図（資料3）には、特別支援学校は存在しない。通常学校内で特殊教育を施すか、厚生省管轄の医療教育施設（IME）に在籍し、院内学級同様に、国民教育省から教員を派遣する形をとる。IMEは約6歳から20歳を対象と

していて、教育と職業訓練を担った施設がある。また全寮制もある。これらは
重度および重複障害者を主に受け入れている。

5　教職員は、組合を通じて全国組織として利益代表者を選出し参加する。保護者
　団体、生徒および学生団体は、各学校単位で存在すると同時に、全国組織に加
　盟し、高校生と大学生から利益代表者が選出される。

6　視学官（Inspecteur）には、教育行政総視学官（IGAEN）、国民教育視学官
　（IEN）と、大学区視学官（IA-IPR）が存在する。教育行政総視学官は、中央
　教育行政を担う。国民教育視学官は、初等および職業高校の行政および教員の
　管理（昇格、採用・配置等）に係る。大学区視学官は、中等教育の普通および
　技術高校の行政および教員の管理に係る。

7　教科書の３つの自由とは、出版社の教科書発行の自由、学校の教科書選択の
　自由、教員の教科書使用の自由を指す。

　　学習課題

1．フランスの教育義務と日本やドイツの就学義務と比べて、メリット
　とデメリットについてあなたの考えを整理しなさい。

2．修得主義のフランスと年齢主義の日本についてあなたの考えを整理
　しなさい。

3 | アメリカの学校教育

髙橋哲

《目標&ポイント》 本章では、日本からみたアメリカ合衆国の学校教育制度
の特徴を学習する。その際に、アメリカ公教育の歴史的背景となっている**人
種差別**の問題、また、これを克服するための教育改革の試み、さらに、近年
展開されている連邦政府主導の教育政策の問題を考察する。
《キーワード》 連邦制、ローカルコントロール、人種差別、ブラウン判決、
K-12、チャーター・スクール、NCLB法

はじめに―アメリカ公教育制度の歴史的背景―

　ニューヨーク市の登校風景は実にカラフルである。映画でも定番の黄
色いスクールバスに相乗りして、あるいは、保護者の同伴によって学校
にやってくる子ども達は、白人、黒人、ヒスパニック、アジア系など、
多様な人種構成を背景に、地域の公立学校に集う。ある子ども達はス
カーフをまとって、また髪型をみてもアフロヘアやドレッドヘアで学校
に通っている子どもたちがいる。移民国家であるアメリカ合衆国（以
下、アメリカ）では、ごく日常的な風景に過ぎない[1]。
　しかしながら、このような風景が日常となったのはアメリカ史上、比
較的近年である。なぜならば、南北戦争を経て、かのリンカーン大統領
が尽力した奴隷制廃止後も、白人と有色人種をあらゆる公共施設におい
て分離する制度が続き、学校もそのような分離施設の一つとされてきた
からだ。すなわち、公立学校でありながら、白人と有色人種が通う学校

は別の施設として分離されてきたが、これを「分離すれども平等」としてきたのである。

　これを覆したのが、1954年の連邦最高裁ブラウン判決（Brown v. Board of Education of Topeka, 347 U.S. 483（1954））であった。ブラウン判決は、人種によって分離された学校制度を合衆国憲法修正14条の「法の平等な保護」に違反すると判示したのである。この最高裁をうけて、連邦政府は1965年に初等中等教育法（Elementary and Secondary Education Act of 1965）を制定し、連邦補助金の受給を通して人種分離是正を積極的に行い、また、低所得家庭の子どもたちを主たる対象とする補習プログラム等を連邦補助金によって提供したのである。このように、アメリカ公教育の歴史とは、**人種差別**との闘いであり、教育の公正を求める営為であったといえるだろう（ジェニングス 2018: 121-122）。

　2020年9月現在、初等中等教育段階の学校に通う子どもは全米で約4937万人であるが、白人45.8％。黒人15.0％、ヒスパニック28.0％、アジア5.4％、太平洋諸島0.4％、先住民0.9％という人種的多様性を示している（NCES 2021: Table 203.60）。白人層が全米では多数派をなしていることから、米国では有色人種層を一般的にマイノリティと呼んできた。ただし、人種構成は地域ごとにも隔たりがあり、2020年9月現在、カリフォルニア州では、初等中等教育機関に在学する生徒の内、白人は21.7％であるのに対して、ヒスパニックが55.4％、また、ミシシッピ州では白人が43.1％に対し黒人が47.7％を占めるなど、マイノリティ問題は必ずしも「少数者」問題では無いことが看取できる（NCES 2021: Table 203.70）。すなわち、数のうえでは多数派を形成していたとしても、白人層に圧倒的に優位な社会的仕組みが、有色人種層を差別的に取り扱ってきたという問題が、アメリカにおけるマイノリティ問題、ないし**人種差別**をめぐる問題として潜在化してきたのである。

　2020 年 5 月にミネソタ州で発生した白人警察管による黒人ジョージ・
フロイドへの暴行死や、コロナ 2019 をめぐるアジア人ヘイトにみられ
るように、アメリカという国は**人種差別**の問題を常に内包してきた。他
方で、フロイドへの暴行死に抗議する「Black Lives Matter（黒人の命
は私たちにとっての大問題である）」を掲げた各地でのデモ行進にみら
れたように、古くは南北戦争時の奴隷解放運動から、1950〜60 年代の
公民権運動に象徴されるように、アメリカでは、これらの**人種差別**に抵
抗する市民運動も力強く行われてきた。

　アメリカという国は、経済上、国際政治上の覇権国家として羨望の対
象とされてきたものの、教育という領域において、私たちがアメリカの
学校教育から学ぶべきことは、このような差別の歴史への反省と、それ
を克服しようとする試みなのだといえるだろう。

1. アメリカの学校教育

(1) アメリカの学校制度

　アメリカでは初等中等教育を「K-12 education」と呼び、高校卒業
以降の高等教育（higher education）と区別する。これは、アメリカに
おける初等中等教育が、幼稚園年長の学年である「K」(kindergarten)
から、高校の最終学年である第 12 学年までを対象としているからであ
る。現在、初等教育にあたる K から第 8 学年までの子どもは約 3405 万
人、中等教育にあたる第 9 学年から第 12 学年までの子どもは約 1531 万
人が在学している（NCES 2021: Table 203.10)。

　日本の戦後学校体系である「6-3-3 制」はアメリカの学校体系を模
倣したとされているが、実際には**巻末資料 4**にみられるように、学
校体系は州ごとに異なり、日本と同様に小学校・中学校・高校を経る
「5-4-3 制」の他に、小学校を 8 年間とし 4 年制の高校を設ける「8-4

制」、小学校と高校の間の移行期に重点化した4年制のミドルスクール
を設ける「4-4-4制」、さらに中高一貫とする「6-6制」なども存在し
ている。これは後述するように、アメリカでは連邦制のもと、教育に関
する権限が州に所在するとされてきたためである。いわば、アメリカに
おいては、州ごとに異なる学校制度が採用されているといっても過言で
はない。

　就学義務が課される年齢も州ごとに異なる。例えばニューヨーク州で
は、6歳から16歳までを就学義務の対象年齢と設定し、毎年12月1日
を基準として、この日までに6歳になる子どもがその年の9月から学校
に入学することを義務づけている（NY Educ. Law §3205）。2020年現
在、全米50州とワシントン特別区（以下、DC）のうち、就学年齢を5
歳から開始する州が11州とDC、6歳からが26州、7歳からが12州、
8歳からが1州となっている。就学年齢の終わりについては、16歳とし
ている州が17州、17歳が8州、18歳が24州とDC、19歳が1州と
なっている。大半の州が17歳以降を設定するように高校卒業までを就
学義務とする[2]。親に対しては子どもを就学させる義務が厳格に課され
ており、正当な事由なく長期間にわたって子どもを就学させないこと
は、子どものネグレクトにあたるとして、親権を喪失させられることも
ある（Blokhuis et al. 2021: 18）。

　他方で、この就学義務の特例として認められているのが、学校に通わ
ずとも一定の条件で家庭内での教育を許容するホームスクーリングの仕
組みである。ホームスクーリングを選択する親への規制は、無規制の州
から、定期テストの受験と得点の要件を課す州まで多様であるが、全
50州とDCで認められた仕組みとなっている（宮口2020年、50-51）。
2019年現在、ホームスクーリングのもとにある子どもは、約145万人
で初等中等教育に在籍する子どもの2.8％にあたる（NCES 2021: Table

206.10）。また、ホームス
クーリングを選ぶ理由につ
いて、公立学校で認められ
ていない宗教教育を行うこ
とを理由とする者が全体の
58.9％を占めるように
（ＮＣＥＳ２０２１：Ｔａｂｌｅ
206.15）、この仕組みは南
部を中心とするキリスト教

図3-1　Pre-Kへの入学を呼びかける広告
（筆者撮影）

原理主義者に多く選択されていることが知られている。

　ところで、公立学校における幼稚園年長組にあたる「K」の学級は、多くの場合、小学校に併設されていることから、5歳を就学年齢開始としている州では、この「K」から就学義務がスタートすることとなる。ただし、「K」の対象となる5歳を就学義務年齢に含めていない州においても、大半が5歳以降の教育を無償教育としていることから、多くの子どもたちが小学校に併設された「K」の学年から学校に通うことが一般的である。また、近年では就学前の教育経験の差が、学校入学後の学力格差に結び着いているとの指摘をもとに、無償教育の対象期間を前倒しして、さらに1年早く学校に就学する「Pre-K」を小学校に併設する地域もある。**図3-1**はニューヨーク市で誰でも入れる「Pre-K」への入学を呼びかける広告である。

　多くの州で高校までが就学義務とされているように、公立高校への進学は、学校選択を導入する都市部を除いて、基本的には小学校、中学校と同様に、地域に設置された近隣の公立高校にそのまま進学することが一般的である。2019年現在、アメリカにおける高校生の卒業率は、90.1％とされており、1970年に55.2％であったことからみて飛躍的な

改善をみている。しかしながら一方で、白人層の高校卒業率が94.6 %
であるのに対して、ヒスパニックでは71.8 %となっているように、依
然として高校卒業率における人種間格差が存在する（NCES 2021:
Table 104.10）。また、高校卒業者のうち、高等教育機関への進学率は、
2018 年現在69.1 %で、うち4 年制大学への進学者が43.6 %、コミュニ
ティ・カレッジと呼ばれる職業教育を中心とする2 年制大学への進学者
が25.5 %となっている（NCES 2021: Table 302.10）。

（2）学校種の多様性

　アメリカにおいては、日本と同様に私立学校も重要な役割を果たして
いる。2019 年現在、初等中等教育学校に通う子どものうち9.8 %に相当
する約548 万人が私立学校に在籍している（NCES 2021: Table
205.10）。全私立学校在籍者の74.3 %は宗教系の私立学校に在籍してお
り、うち34.9 %をカソリック系の私立学校が占めている。

　なお、アメリカにおいては合衆国憲法修正1 条が「国教樹立の禁止」
を定め、厳格な政教分離原則を掲げていることから、公立学校での宗教
教育が禁止されており、さらに、日本のように私立学校への補助金を政
府機関が支出するという仕組みも存在しない。他方で、米国において論
争となってきたのが、私立学校在籍者に対して授業料の支援金を支給す
るというバウチャー制度の仕組みである。バウチャー制度は、公金が結
果的に私立学校に流れるため、政教分離原則への抵触が問題とされてき
た。これに対して、オハイオ州で実施されていたバウチャー制度の合憲
性を争った2002 年の連邦最高裁ゼルマン判決（*Zelman v. Simmons-
Harris,* 536 U.S. 639 (2002)）は、バウチャー制度による支援はあくま
で保護者に対する支援であり、制度自体は宗教上中立的であるなどとし
て、合衆国憲法違反にはあたらないと判示した。このゼルマン判決以

　降、徐々にバウチャー制度を採用する州が増加し、現在14州とDCで同制度が採用されている（Wixom 2017: 2）。しかしながら、合衆国憲法上は合憲判断がなされたものの、多くの州憲法においては明示的に宗教系私立学校への公金支出を禁止しているため、バウチャー制度はアメリカにおいていまだ論争的主題となっている。

　また、バウチャーと同様に、米国において論争の対象とされてきたのが、1990年以降に、新たな公立学校の運営管理方式として導入されたチャーター・スクール（charter school）という仕組みである。チャーター・スクールは、公立学校の一種として位置づけられているが、州政府、州立大学、あるいは地域の教育委員会により特別な認可を受けた学校が、一般の公立学校に課せられた規制を免除され、自律的かつ実験的な学校運営を認められるという仕組みである。認可にあたっては具体的な到達目標が設定され、契約期間終了後に成果が達成できなかった場合、認可が取り消されるという仕組みである。1991年にミネソタ州でチャーター・スクール法が制定されたのを皮切りに、2019年現在45州とDCにおいて導入され、初等中等教育在籍者のうち、6.8％にあたる343万人の生徒がチャーター・スクールに在籍している（NCES 2021: Table 216.90）。新しいタイプの公立学校として、その自律性が公立学校全体の教育改善に資するものとして期待されていたが、他方で、運営には営利組織の参入が認められているため、公教育の市場化、民営化を広げてきたとの批判や、教員の労働条件や身分保障の形骸化の問題なども指摘されている。

2. アメリカの教育行政
―ローカル・コントールの原則―

（1）連邦―州―学区の関係

　アメリカは、連邦制（federalism）という州を中心とする国づくりをしてきた分権国家である。もともとイギリス領であった13の植民地が、独立を機に13の州となり、この州の権限を侵害しない範囲で連邦政府を形成することとなった。このような背景のもと、連邦政府の権限を定めたのが1788年に制定された合衆国憲法である。合衆国憲法修正10条は、憲法によって連邦政府に委ねられておらず、また、憲法によって禁止されていない権限は、州及び人民に留保されると定めている。この結果、教育に関する権限は、連邦政府の権限として明記されていないため、各州政府に属するものとされた。ただし、具体的な学校の運営は、州の創造物であり附属機関として権限を移譲された**学区**（school district）に委ねられてきた。

　州レベルの教育行政において、主要な主体となっているのが、州教育委員会と州教育長、及び、その下に置かれる州教育省である。州教育行政は、教育財源の徴収・配分、教員免許の管理、教育課程の基準策定、その他の公立学校の運営の基本事項を規制するものの、具体的な学校の設置、運営や教職員の雇用などは、各**学区**に委ねられている。それゆえ、アメリカにおける教育は**ローカル・コントロール**の原則のもとに運営されてきたが、それは「**学区自治原則**」と同義であったといえる。

　学区とは、各自治体からも独立した特別地方公共団体と位置づけられており、多くの地域では**学区**内の学校運営を教育委員会が担っている。現在、全米における**学区**の数は、13,349**学区**となっている（NCES 2021: Table 214.20）。大都市の一部を除いて、多くの地域で**学区**の教育

委員は、公選制のもと住民の選挙によって選出されている。当然にして選挙によって選出された委員は必ずしも教育の専門家ではないため、教育事務を担う専門家として、各教育委員会は教育長（superintendent）を任命し、教育行政の実務にあたらせるという仕組みが一般的である。他方で、近年、ボストン、シカゴ、ニューヨークなどの大都市を中心に、教育委員会への首長の関与が拡大しており、教育委員を首長が任命し、教育長職を首長の指揮系統下におく改革が行われており、メイヨラル・コントロールと呼ばれている。

　学区には、財政上も独自の課税権が認められ、固定資産税（property tax）が事実上の教育税として徴収されてきた。2018-19年度において全米の総教育費のうち連邦政府はわずか7.9％を支出するに過ぎず、州が46.7％、**学区**が45.4％を支出している（NCES 2021: Table 235.10）。それゆえ、学校教育の内容も**学区**ごとに独立性が認められ、教育課程の編成や、教科書の採択、さらには、教員の採用、給与、労働条件の決定等は、各**学区**教育委員会の権限とされることが大半である。ただし、教員の給与や労働条件に関しては、多くの場合、第8章でみるように、**学区**の教育委員会と教員組合支部の締結する団体交渉協約によって定められることが一般的である。それゆえ、アメリカ教育史にみるならば、公立学校運営をめぐる主体は州、**学区**であり、連邦政府が学校教育に関与することは例外的かつ限定的な形式にとどまってきたといえる。これがアメリカの連邦制のもとで形成されてきた教育における**ローカル・コントロール**の原則である。

（2）人種差別と教育不平等を克服するための取り組み

　上にみてきた**ローカル・コントロール**の原則は、中央集権的な教育行政をもつ日本において、好意的に受け容れられる傾向にあったが、他

方、人種にもとづく差別的な学校教育の仕組みもまた、この**ローカル・コントロール**のもとに形成されてきた。これを覆したのが、冒頭にみたブラウン判決であった。先にみたように、ブラウン判決は人種によって分離された学校制度を合衆国憲法修正14条の「法の平等な保護」に違反すると判示した。最高裁は翌1955年、具体的な是正策のあり方について改めて別判決（Brown v. Board of Education of Topeka, 349 U.S. 294 (1955)）を下し、**人種差別**の是正は、すべての地域で「可及的かつ速やか」（all deliberate speed）に実施しなければならないと判示した（1954年判決は Brown I 判決、1955年判決は Brown II 判決と呼ばれている）。これにより各地では、人種によって分離されていた学校を越えてスクールバスで生徒を移動させるいわゆる「強制バス通学」などによる人種分離是正措置が実施されていく。

　しかしながら、南部州を中心に、多くの**学区**は、ブラウン判決の**人種差別**是正に激しく抵抗した。南部の教育関係者達は、この判決を無視し、人種分離された学校を維持しようとしていた。かれらにとって「可及的かつ速やかに」は、まったく進まないことを意味していた（ジェニングス 2018: 121）。このような中で興隆したのが、マーティン・ルーサー・キング Jr. らを中心とする公民権運動であった。公民権運動の指導者たちは、連邦政府に働きかけ、ブラウン判決にもとづく**人種差別**是正の立法措置を求めたのである（Spring 2018: 440）。

　司法による**人種差別**是正命令と公民権運動への立法的対応として連邦議会によって制定されたのが公民権法であり、その第IV編は、公教育における**人種差別**を禁止し、違反した機関への連邦補助金を停止することを定めた。また、1965年に制定された初等中等教育法は、連邦補助金の受給を通して人種分離是正策を積極的に推進した。これにより、低所得家庭の子どもたちを主たる対象とする補習プログラムを連邦補助金の

もとで利用可能としたのである（中村 2011: 204-205）。これら公民権法や初等中等教育法にみられるように、**ローカル・コントロール**にもとづく**人種差別**に対して、連邦政府が立法的対応を行うことで、**人種差別**是正が目指されてきた。

　他方で、**学区**内における人種分離が禁止されてからも、分権的な教育行政の仕組みは、学校教育をめぐる地域間格差を生んできた。地域の固定資産税を原資とする学校財政は、当然にして富裕**学区**における潤沢な教育予算と、貧困**学区**の困難という格差をもたらした。そして、多くの場合、このような富裕**学区**と貧困**学区**の格差は、人種構成を反映していた。冒頭にみたブラウン判決以降、公然とした法律上（de jure）の**人種差別**は禁止されたものの、黒人との共学を嫌悪する白人層は郊外へと移り住み、白人だけのコミュニティをつくる「ホワイト・フライト」と呼ばれる現象が起こったのである。これにより、地域によって人種が分断されるという事実上（de facto）の差別が根強く残されてきた。

　このような不平等を是正すべく行われてきたのが、アメリカにおける教育財政訴訟の試みである。**学区**間の教育財政格差をめぐる問題は、連邦裁判所を舞台として、当初、ブラウン判決と同様に合衆国憲法修正14条の「法の平等な保護」違反を根拠として展開されてきた。この法律判断を連邦最高裁が最初に行ったのが、1973年のロドリゲス判決（*San Antonio Independent School District v. Rodriguez,* 411 U.S. 1 (1973)）であった。同判決は、合衆国憲法上、教育は「基本的権利（fundamental rights）」と位置づけられていないとし、教育の**ローカル・コントロール**を理由として、財政不平等の問題は合衆国憲法違反にはあたらないと判示したのである。

　学区間の明らかな財政不平等が存在するなかで、連邦最高裁に請求が棄却されながらも、教育財政の平等を求める訴訟運動は終わらなかっ

た。訴訟運動の舞台は、連邦裁判所から州裁判所へと移され、争点もま
た合衆国憲法上の「法の平等な保護」から、各州憲法に明示された教育
条項を法的根拠として展開されることとなった。すなわち、州政府の支
出する公教育費が、州憲法の教育条項が要請する基礎的レベルの教育を
「適正（adequate）」に保障しているのかを問う訴訟が展開されたので
ある。例えばニューヨーク州の教育財政訴訟において、州最高裁判所
は、州憲法が要請する「適切な基礎教育」（sound basic education）と
は、すべての子どもたちが「市民社会の参加者として生産的な役割を果
たせるように子どもたちを養うための意味ある高校教育」を保障するこ
とにあると判示した *Campaign for Fiscal Equity v. State of New York,*
801 N.E. 2d 326 at 332 (N.Y. 2003)。この判決をもとに州最高裁は、州
内の裕福な**学区**に比してニューヨーク市では十分な教育費が提供されて
いないとして、州政府に約58億ドルの補助金支給を命じた。この教育
財政訴訟に弁護士として携わってきたマイケル・レベル（Michael A.
Rebell）によれば、2017年時点において全米50州のうち、このような
教育財政訴訟が行われたのは47州にのぼり、原告の60％が勝訴し、州
政府による公教育費支出の改善が行われたとされている（レベル 2019:
25）。

　このように、連邦裁判所による財政不平等の訴訟が棄却されてもな
お、教育財政訴訟は、州裁判所に舞台を移し、各州レベルで人種を背景
とする地域間格差、ないし、教育費格差を是正する試みとして展開され
ている。

3. 近年の教育政策動向
―連邦政府主導による中央集権化―

（1）2000 年代以降の連邦政府の権限強化

　先にみたように、1965 年に制定された初等中等教育法は、その後 10
〜15 年ごとに改正されてきたが、その 2002 年改正法としてブッシュ政
権（2001〜2009 年）のもと制定された「どの子も置き去りにしない法
（No Child Left Behind Act of 2001）」（以下、NCLB 法と略す）は、そ
の趣旨を大きく変容させるものであったと指摘されている。すなわち、
NCLB 法は連邦補助金を受給する条件として学力テストの結果にもとづ
く州、**学区**のアカウンタビリティ（結果責任）を問う仕組みを構築した
のである。

　NCLB 法は、まず連邦補助金の受給条件として、州政府が子どもの修
得すべき学力スタンダードを設定し、州統一学力テストを実施した上
で、2013 - 2014 年度の終わりまでにすべての子どもが「修得
（proficiency）」レベルに到達することを義務づけた。さらに、州は生徒
を「修得」レベルに到達させる各年度の目標値を設定し、2 年続けてこ
の目標達成に失敗した学校には、制裁措置を実施することが義務づけら
れた。具体的には、失敗後 5 年たっても改善がみられない場合、当該学
校のチャーター・スクールへの転換、全教職員の配置転換などを含めた
措置が義務づけられたのである。NCLB 法の特徴は、州統一学力テスト
の実施を州政府に義務づけ、テスト結果にもとづく「罰」を設定するこ
とにより、学校に結果責任を負わせる仕組みを構築した点にある（な
お、子どもへの直接的な罰則は当然のことながら定められていない）。

　このような学校レベルでの結果責任を、さらに教員個々のレベルに拡
大したのが、オバマ政権下（2009〜2017 年）の連邦教育政策であった。

それが、初期オバマ政権の目玉政策として実施された「頂点への競争」（Race to the Top：以下、RTTT と略す）プログラムである。RTTT プログラムとは、2009 年にオバマ大統領によって調印された「アメリカの再生・再投資法」（American Recovery and Reinvestment Act）を根拠とするプログラムである。同法は、リーマンショックによる不況対策として、教育を含む重点領域への財政投入を目的に制定され、RTTT プログラムに 43 億 5000 万ドルを支出した。しかしながら、この連邦補助金はすべての州・**学区**を対象とするものではなく、連邦教育省が点数化した「審査基準」にもとづき、達成度が高い上位州のみが受給できる競争的資金とされた。この審査基準のなかでもっとも重視されたのが、教員評価に関わる施策であり、評価にあたり生徒の学力テストの結果を活用することが求められた。そして、評価の結果、「非効果的」とされた教員を解雇できる仕組みを構築することが条件とされたのである。

　さらに、このような教員個々人への結果責任を強化することになったのが、同じくオバマ政権のもとで実施された NCLB 法の「義務免除」（NCLB Waiver）と呼ばれる施策である。先にみたように、NCLB 法は、2013-2014 年度の終わりまでに、すべての子どもを各州スタンダードにおける修得レベルに到達させることを連邦補助金の受給条件としていた。しかしながら、当然にして、この条件を満たせる州は一つも存在しなかった。このため、一定条件のもと、州政府、**学区**が NCLB 法上の義務免除を受けられる仕組みがつくられた。しかし、この義務免除も無条件に付与されるものではなく、連邦教育省が義務免除の条件をあらかじめ示し、各州政府が自主的にこれを申請するという方式がとられた。この義務免除の条件の一つとされたのが、やはり学力テストの結果にもとづく教員評価であった。RTTT プログラムが臨時立法を根拠とし、一時的かつ付加的な補助金であったのに対し、義務免除政策は、連邦補

助金本体の受給の可否に直結するものであった。このため、各州に対してより強制力を持つものとなり、連邦政府の求める教育改革が全州的に行われることとなったのである。

（2）初等中等教育法の最新版

　オバマ政権の最終盤、2015年12月15日に、初等中等教育法の最新改正法である「すべての子どもが成功するための法（Every Student Succeeds Act；以下、ESSA）」が制定された。同法は、NCLB法以降の連邦政府による中央集権化政策への批判を背景として制定された。しかしながら、ESSAにおいてもNCLB法と同様に、州には、①学力スタンダードの策定義務、ならびに、②このスタンダードに基づく州統一学力テストの実施義務が課せられている。

　他方、旧法においては、すべての子どもが「適性」のレベルに達することが義務づけられていたのに対して、ESSAにおいては、この到達義務が削除され、代わりに州政府が独自に「長期目標」と「中期目標」を策定することが義務づけられた。また、ESSAが旧法と大きく異なるのが、テスト結果をめぐる「罰」の仕組みである。先にみたように、NCLB法においては、目標に到達できなかった学校への具体的制裁措置が義務づけられていたのに対し、ESSAにおいてはこれらの義務づけ規定が削除された。さらには、連邦教育省長官が、州が設定する制裁措置の仕組みに介入すること、あるいは州、**学区**の策定する教員評価に介入することを禁止する条文が法律上明記された。

　このように、ESSAの内容を旧法と比較した場合、学力テストの結果責任を問う制裁措置のあり方や、教員評価における州、**学区**の裁量回復をみることができるため、ESSAの分権的性格をみることも可能である。しかしながら、学力スタンダードを策定し、また、州統一学力テストを

実施することは、依然として州政府に義務づけられている。また、NCLB 法のもとで構築されてきた仕組みを禁止するものではなく、州や**学区**の裁量のもとに同様の制裁措置や教員評価を維持することは可能となっている。実際に、ESSA の制定後も多くの州においては、NCLB 法のもとで構築された制裁措置や教員評価がそのまま継続されているとの指摘がある（Klein and Ujifusa 2017: 17-18）。

おわりに―アメリカ公教育のゆくえ―

　ここまでみてきたように、アメリカの学校教育は**ローカル・コントロール**の原則をもとに、州、**学区**という地方政府を中心とする運営がなされてきた。これに対し、NCLB 法を中心とする 2000 年代以降の教育政策は、連邦政府が補助金を通じて特定の施策を義務づけるという中央集権化がはかられてきた。2015 年 12 月に制定された初等中等教育法の最新改定である ESSA は、これらの中央集権化への批判を背景に、連邦政府の権限を制約し、州政府の権限を取り戻すものであったが、州政府がこの権限をどのように利用するのかが問われている。ESSA のもとで、トランプ政権（2017〜2021 年）、そしてバイデン政権（2021 年〜）による教育政策が行われることとなったが、トランプ政権は連邦政府の権限縮小をむしろ歓迎し、バウチャー制度の拡大や、営利企業の運営するチャーター・スクールを増加させるための政策を展開してきた（Spring 2018: 495-496）。他方で、連邦政府の役割が改めて問われることとなったのが、コロナ 2019 による学校運営の危機であった。第 12 章で詳述するように 2021 年 1 月に発足したバイデン政権は、コロナ 2019 禍で顕在化した人種にもとづく経済格差、医療格差等を是正するため、連邦追加予算を支出する臨時立法を制定するとともに、さらには、感染対策を超えて人種間格差の要因となってきた就学前教育、高等教育への

アクセスを平等化するために、Pre-Kの無償化を全国化し、コミュニティ・カレッジの授業料をも無償化する政策に乗り出した。

　コロナ2019禍で顕在化した人種格差と、フロイドの暴行死に促された反対運動は、**人種差別**是正のための連邦政府の責任を改めて問うものとなっている。アメリカという国に潜在する**人種差別**の問題を是正するための取り組みは、現在進行形で実施されている。

参考文献

Blokhuis, J. C., & Feldman, Jonathan, & Imber, Michael, & Geel, Tyll V.,, (2021) *Education Law*, Sixth Edition, Routledge.

ジャック・ジェニングス（吉良直・大桃敏行・髙橋哲訳）（2018）『アメリカ教育改革ポリティクス―公正をもとめた50年の闘い』東京大学出版会。

Klein, Alyson, and Ujifusa, Adrew (2014) "First Wave of ESSA Plans Gives Early Look at State Priorities," *Education Week*, Vol. 36, Iss. 27.

宮口誠也（2020）「就学義務の再考」大桃敏行・背戸博史編『日本型公教育の再検討』岩波書店。

中村雅子（2011）「人種格差社会アメリカにおける教育機会の平等」宮寺晃夫編『再検討 教育機会の平等』岩波書店。

NCES, U.S. Department of Education, (2021) *Digest of Education Statistics 2019*, 55th Edition.

マイケルAレベル（髙橋哲・訳）（2019）「米国における財政平等と教育の『適正性』をめぐる法的問題―教育政策における州裁判所の役割を中心に―」『日本教育法学会年報』第48号、有斐閣。

Spring, Joel, (2018) *The American School: From Puritans to the Trump Era*, Routledge.

Wixom, Micah Ann, (2017) *Policy Analysis: Voucher Program*, Education Commission of the State.

〉〉注

1　なお、「アメリカ」という表現は、本来中南米を含めた言葉であり、アメリカ合衆国のみを対象とするものではないが、本書では便宜上、アメリカ合衆国の略称をアメリカとして表記する。

2　Education Commission of the States,（2020）"50-State Comparison: Free and Compulsory School Age Requirements,,（https://www.ecs.org/50-state-comparison-free-and-compulsory-school-age-requirements/: last visited on January 31th, 2023）.

学習課題

1．アメリカにおける**人種差別**の歴史とこれを克服するための教育改革をみたときに、日本における差別問題はどのようなものが考えられるか、あなたの考えを整理しなさい。

2．学校に通わずとも家庭内での教育を「義務教育」とみなすホームスクーリングの仕組みを日本でも導入するべきか、あなたの考えを整理しなさい。

4 | ブラジルの学校教育

二井紀美子

《目標&ポイント》 本章では、ブラジルの教育制度の特徴を学習する。その際に、ブラジルの歴史的な負の遺産である社会的不平等が教育にいかに表れているのかを理解し、それを克服するための教育改革の取り組みを考察する。
《キーワード》 教育格差、社会的不平等、就学率、所得格差、人種／肌の色、居住地域、国家教育計画、青年・成人教育

はじめに─多様性と社会的格差

　日本の約22.5倍という広大な国土を持つブラジルは、鉄鉱石をはじめとする豊かな資源に恵まれ、製造業や農牧業も盛んだ。そのブラジルには、現在2億1000万人以上の人々が住んでいる。1500年のポルトガル人探検家カブラルによる「発見」以来、ブラジルは、多くの入植者や奴隷、移民たちを受け入れてきた。一般に、ブラジルの民族構成は、大きく分けて先住民族と、アフリカ人、そしてヨーロッパ人の3つの主要な民族グループに由来するといわれる。500年の間に混血が進み、さらにアジアや中東など世界各地からの移民が流入した結果、ブラジルは、民族的・人種的に非常に多様な国となった。世界各地から異なる文化背景を持つ人々がブラジルに持ち込んだそれぞれの文化や習慣、技術は、ブラジルの文化を豊かにし社会を発展させてきた。

　その多様性の一方で、ブラジルは大きな社会的不平等と貧困問題を抱えた国である。社会的不平等の歴史は古く、植民地時代の社会構造の不

均衡（黒人奴隷制）に由来するといわれ、今もなお多くの社会問題を残している[1]。それは教育、健康、乳幼児死亡率、栄養などの社会指標における極端な所得格差、人種格差、地域格差に表れている。この現在まで続く負の遺産である社会的不平等は教育にどのように表れているのか、そして、それを克服するために、ブラジルはどのような教育改革に取り組んでいるのだろうか。本章では、小・中学校段階を中心に、ブラジルの教育の制度と現状をみていく。

1. ブラジルの教育制度

（1）現行の教育制度

　ブラジルの歴史は、①ポルトガル人到来以前の先コロンブス期、②1500年にポルトガルの探検家カブラルにより「発見」されポルトガルの植民地となった植民地時代、③1822年にポルトガルから独立しブラジル帝国の帝位にポルトガル王家が就いた帝政時代、そして④1889年の無血革命以降現在に続く共和制時代の4つに大きく分けられる。さらに1889年以降の共和政時代においても政治体制は変動しており、1964年の軍事クーデターで軍事独裁政権となったのち、再び文民政権に移管したのは1985年のことであった。

　現行の学校教育制度は、この民政移管後の1988年に制定されたブラジル連邦共和国憲法（以下、連邦憲法）と、1996年の国家教育指針基本法（LDB）に基づく。ブラジルは、ドイツやアメリカと同じく、連邦制国家であるけれども、連邦制の性格はやや異なり、実体法の基本法典の制定権限が州ではなく連邦議会にあるなど、アメリカよりも中央集権的傾向が強い（佐藤 2014:159）。そのため、学年や義務教育年限、教育内容などの教育の基本制度設計も、連邦法に基づいて全国で統一されている。

　ブラジルの教育に関連する基本的な法的枠組みには、連邦憲法や LDB のほか、1990 年の児童青少年憲章（ECA）、2013 年の全国カリキュラムガイドライン（DCN）、2014 年の国家教育計画（PNE）、2018 年の全国共通基礎カリキュラム（BNCC）がある。

　権利としての教育は、連邦憲法で確認することができる。教育を「すべての者の権利で、かつ国および家族の義務」（第 205 条）とし、国の義務は「適切な年齢で教育を受けられなかったすべての者に対する無償の提供を含む、4 歳から 17 歳までの義務的かつ無償の**基盤教育**」（第 208 条、2009 年修正）を保障することと定められた。

　学校教育段階は、幼児教育、**基礎教育**（日本の初等教育と前期中等教育に相当）、中等教育（後期中等教育相当）、高等教育の 4 つに分けられている（**表 4-1**）。幼児教育は、0 歳から 3 歳までの保育所と 4 歳から 5 歳までの幼稚園である。基礎教育は、6 歳から 14 歳までの 9 年間で、小学校 5 年と、中学校 4 年に分かれている[2]。中等教育は 15 歳から 17 歳までの 3 年であり、高等教育には、大学（4～6 年制、専門による）と大学院修士課程・博士課程が含まれる。幼児教育、基礎教育、中等教育を合わせて、**基盤教育**と呼ぶ[3]。

　義務教育は、4 歳から 17 歳までの 14 年間である。日本の義務教育は、

表4-1　ブラジルの学校制度と義務教育期間

		義務教育			
		基盤教育			高等教育
教育段階	幼児教育		基礎教育		中等教育	高等教育
標準年齢	0～3歳	4～5歳	6～10歳	11～14歳	15～17歳	18歳以上
就学年数	4年	2年	5年	4年	3年～4年	学部3～6年
教育機関	保育所	幼稚園	小学校 (1～5年生)	中学校 (6～9年生)	高校 (1～3年生)	大学・大学院

1947年の教育基本法で9年間の普通教育の就学義務が定められて以来変更はないが、国際的には近年義務教育年限を延長する国は多く、ブラジルも例外ではない。2009年に連邦憲法が改正され、それまでの6歳から14歳の9年間に、4歳、5歳の幼稚園2年と15歳から17歳の中等教育3年も加えた合計14年を義務教育とすることとなった。しかし、すぐには実施されず、2013年に教育制度の運用を定めるLDBでも4歳から17歳までを義務教育とする条文改正がなされ、2016年までに義務教育を9年から14年に移行することになった[4]。

　ちなみに、ホームスクーリングは認められていないものの、近年ホームスクーリングを認めるか否かの議論は活発化している。2018年にホームスクーリングを認めないという連邦最高裁判所の判決が出たが、その後ホームスクーリングに賛同した右派のボルソナロ政権（2019〜2022年）は2022年5月にホームスクーリングを認める法案を下院で通過させた。しかし2023年1月現在、同法案は上院で審議保留中のため、ホームスクーリングは違法行為であることには変わりはない。2023年1月に左派のルーラ大統領に政権交代したため、今後ホームスクーリングの合法化がどうなるかは分からないが、ホームスクーリングを推進する全国家庭教育協会によると、3万5000世帯がホームスクーリングを実践しているという。

（2）人々の特性に合わせた多様な教育課程

　ブラジルの教育基本法であるLDBでは、上記の幼児教育から高等教育までの普通教育とともに、職業教育のほか、適切な年齢時（学齢期）に教育機会を得られなかった者やへき地在住者、先住民、障害者などの多様な人々の特性に合わせた教育課程を規定している。ここでは、学齢期に教育機会を得られなかった若者や成人のための教育課程について取

り上げよう。

　歴史的に就学率が低く、非識字者を多く抱えてきたブラジルでは
1920 年代から成人の非識字問題に対する連邦政府や州の行政責任が議
論された。1920 年当時の 15 歳以上の非識字率は 60 ％を超えていた。
1946 年に小学校を卒業していない青少年や成人を対象とする「補習教
育」の初等教育課程が作られた。1950 年の非識字率はおよそ 50 ％で
あった。その後 1996 年の国家教育指針基本法で補習教育から青年・成
人教育へと名称が変更された。青年・成人教育は正規の教育課程であ
り、2021 年時点で、青年・成人教育の受講者は 296 万人を数える
（Brasil.INEP2022）。

　青年・成人教育には、中学校未修了者のための基礎教育水準と、高校
未修了者のための中等教育水準がある。青年・成人教育を受講するには
年齢制限があり、基礎教育水準は 15 歳以上、中等教育水準は 18 歳以上
と決められている。基礎教育水準の中でも小学校段階は中高年の受講者
（中央値：45 歳）が多く、中学校段階と高校段階の受講者は若者が多い
（中央値：中学校 25 歳、高校 24 歳）。青年・成人教育は、普通課程のお
よそ半分の期間で修了できるのも特徴である。昼間コースや夜間コース
があり、毎日通学するフル通学制のほか、遠隔教育を利用した授業や、
半通学制（週 2 日程度通学）の学校など、柔軟な授業形式が用意されて
いる。また、日本の中学校卒業程度認定試験や高等学校卒業程度認定試
験と同じように、授業を受けずに合格すれば青年・成人教育修了と認め
られる認定試験もある。この認定試験は、ブラジル人の多く居住する外
国でも実施されており、2022 年は日本を含む世界 12 カ国で行われた。

　しかし古くから補習教育や青年・成人教育制度を整備しても、ブラジ
ルでは長い間非識字の撲滅には至らなかった。学校教育の普及が遅れて
いる時代の長かったブラジルでは、ノンフォーマルな民衆識字教育運動

が広く行われてきた歴史があり、民衆識字運動と青年・成人教育の連携の試み[5]も見られた。近年になりようやく非識字率が低下してきたこともあり、青年・成人教育の役割も広がりつつある。識字教育だけでなく、高校を卒業しなかった若者の受け皿として、職業教育と統合した青年・成人教育が実施されるようになり、就職につながる職業スキルの習得・トレーニングの場としても期待されている。

（3）ブラジルの教育行政

　ブラジルは連邦共和国であり、行政単位は、連邦、州（26州と1連邦区）、市[6]（5570自治体）の3層構造になっている。教育行政について、LDBの第8条から第20条で、連邦、州、市の果たすべき役割がそれぞれ規定されている。

　連邦は、大学などの高等教育機関の認証や監督、評価を行う。基盤教育に関しては、国家教育計画の作成や情報収集、州や市への技術的・財政的支援の提供などを行う。連邦が管轄する教育機関は、連邦立（国立）のすべての学校（保育所・幼稚園・小学校・中学校・高校・大学）と私立大学である。

　州は、市と協力して、主に基礎教育・中等教育に関して、教育政策および教育計画を作成、実行するとともに、学校や課程の承認、認定、監督、評価を行う。特に優先的に高校を設置する。各州の管轄する教育機関は、州立のすべての学校（保育所・幼稚園・小学校・中学校・高校・大学）と私立小学校・中学校・高校と、市立大学である。

　市は、連邦や州の教育政策および計画に基づき、優先的に小学校、中学校を設置する。また公立保育所・幼稚園の99％（2022年）は市立である。市の管轄する教育機関は、市立保育所・幼稚園・小学校・中学校・高校と私立保育所・幼稚園である。

　なお、連邦立・州立・市立を問わず、すべての公立の学校の学費は無料である。

　次に在籍状況をみておこう。すべての基盤教育の課程を合わせると、2021年度は生徒数4666万人、教員数219万人、学校数17万8370校であった（Brasil.INEP 2022）。そのうち、普通教育課程の学校設置者別在籍者の人数と割合を示したのが**表4-2**である。幼稚園・小学校・中学校・高校の義務教育段階の学校は公立がおよそ8割強であるが、義務教育ではない保育所は、私立の割合が少し高い。また、同じ公立でも、保育所、幼稚園、小学校は市立が7〜8割と高く、中学校は市立と州立が4割強とほぼ同率となり、高校は8割以上が州立となる。ただし、州ごとに州立と市立の割合は大きく異なっており、州間のばらつきは大きい。

　ブラジルには、日本のような学区（学校区）はないが、児童青少年憲

表4-2　設置者別基盤教育機関（普通教育課程）の在籍者の人数と割合（2021年）
[人（％）]

		公立			私立	合計
		連邦立	州立	市立		
幼児教育	保育所	912 (0.0)	2,822 (0.1)	2,396,032 (70.1)	1,017,444 (29.8)	3,417,210 (100.0)
	幼稚園	1,285 (0.0)	52,986 (1.1)	3,949,829 (80.6)	898.089 (18.3)	4,902,189 (100.0)
基礎教育	小学校	6,601 (0.0)	1,803,220 (12.4)	10,109,757 (69.6)	2,614,073 (18.0)	14,533,651 (100.0)
	中学校	15,678 (0.1)	4,803,089 (40.1)	5,362,730 (44.8)	1,800,453 (15.0)	11,981,950 (100.0)
中等教育	高校	229,948 (3.0)	6,562,930 (84.5)	42,521 (0.5)	935,158 (12.0)	7,770,557 (100.0)

出典：Brasil.INEP（2022）

章第53条で、生徒は家の近くにある公立学校に無償で入学する権利が
認められている。つまり、入学できる公立学校が、市立になるか、州立
になるかは、居住地から最も近い学校がどちらかで決まる。ただし、他
の公立学校に通いたい場合には、その入りたい学校の入学希望者の待機
リストに登録し、受入れ人数に余裕があれば入学が認められる（学校選
択については第9章で詳しく説明する）。また、同一市内であっても、
州立学校は州政府、市立学校は市政府が管轄するため、学年暦や授業時
間、カリキュラムなどに違いがある。

2.　ブラジルの学校教育の課題

（1）国家教育計画（PNE）にみるブラジル教育の課題

　国家教育計画（PNE）とは、連邦憲法で作成することが決められて
いる国家の教育戦略の要である。今後10年間に達成すべき教育政策の
ガイドラインや目標、戦略を定めたもので、連邦政府の責任で作成さ
れ、州と市は、このPNEの目標を達成するために、独自の教育計画を
作成し実行しなければならない。つまり、ブラジル全国の教育政策の方
向性を決めているものであり、ブラジルの教育行政が教育の課題をどう
認識しているのかや、何を重視しているのかが端的に表れているといっ
ても過言ではない。

　2023年1月現在の現行のPNE2014-2024は、2014年に法律13005号
によって認可され、有効期間は2014年から2024年までである。
PNE2014-2024には、10の指針が示されており、その指針に基づいて
2024年までに達成すべき20の目標が設定されている。その内容を目的
別に整理したものが**表4-3**である。これにより、ブラジルの教育改革
では、教育格差を克服するためにあらゆる教育段階での就学率の向上を
めざし、学校の全日制化の推進や学校ごとの教育の質を測定する基盤教

表4-3　PNE2014-2024の指針と目標（要約）

①教育格差の克服のため	
指針（Ⅰ、Ⅱ、Ⅲ）	目標　　[目標番号1、2、3、4、5、9、11、12、14]
Ⅰ　非識字の根絶 Ⅱ　就学の普遍化 Ⅲ　市民権の促進とあらゆる形態の差別の撤廃強化による教育格差の克服	1　[**幼児教育の普遍化**] 2016年までに4歳から5歳の幼児教育（幼稚園）を普遍化し、PNEの期限の3年前までに3歳までの子どもの少なくとも50%が保育所を利用できるようにする。 2　[**適切な年齢での基礎教育の普遍化**] 6歳から14歳までの9年間の基礎教育を普遍化し、PNEの期限までに少なくとも95%の生徒が適切な年齢でこの課程を修了することを保障する。 3　[**中等教育の拡大**] 2016年までに15歳から17歳の全人口の就学率を普遍化し、PNEの期限までに中等教育純就学率を85%に引き上げる。 4　[**特別なニーズを持つ人々の教育的包摂**] 4歳から17歳までの、障害、発達障害、ギフテッドや才能を持つ人々の基盤教育や特別な教育対応へのアクセスを普遍化する。 5　[**子どもの識字**] 小学3年生までに、すべての子どもが読み書きできるようにする。 9　[**青年・成人の非識字根絶**] 2015年までに15歳以上の人口の識字率を93.5%に引き上げ、PNEの期限までに絶対非識字率[8]を根絶し、機能的非識字率[9]を50%削減する。 11　[**職業技術教育の拡大**] 中等教育の職業技術教育課程の在籍者数を3倍に増やし、そのうち少なくとも50%を公立学校が受け入れる。 12　[**大学入学者の増加**] 18歳から24歳までの高等教育への総就学率を50%、純就学率を33%に引き上げる。新規大学入学者のうち少なくとも40%を公立大学が受け入れる。 14　[**大学院教育の強化**] 大学院課程への進学者を徐々に増やし、年間6万人に修士号、2万5千人に博士号を授与する。
②教育の質の改善のため	
指針（Ⅳ、Ⅴ）	目標　　[目標番号6、7、10、13]
Ⅳ　教育の質の向上 Ⅴ　社会の基盤となる道徳的・倫理的価値の強化による職業教育と市民性の形成	6　[**全日制教育の普及**] 基盤教育の生徒の少なくとも25%が受けられるように、少なくとも50%の公立学校で全日制教育を提供する。 7　[**基礎教育の質の向上**] Idebの全国平均値として、小学校6.0、中学校5.5、高等学校5.2を達成するために、学校運営や学習の改善などすべての段階と様式における基盤教育の質を向上させる。 10　[**青年・成人教育と職業教育との統合**] 青年・成人教育課程の基礎教育水準・中等教育水準の在籍者の少なくとも25%に、青年・成人教育と職業教育とを一体化させた形で提供する。 13　[**大学教員の大学院修了者割合の増加**] 大学教員の修士及び博士学位取得者の割合を全体の75%とし、そのうち、博士学位取得者の35%以上に増やす。
③教員の価値の向上のため	
指針（Ⅸ）	目標　　[目標番号15、16、17、18]
Ⅸ　教員の価値の向上	15　[**高等教育レベルの基盤教育教員の増加**] 連邦、州、市の協力のもと、教員養成の国家政策を保障し、すべての基盤教育の教員が、自身の担当する専門領域について高等教育レベルの教職課程を修了しているようにする。 16　[**基盤教育教員の大学院修了者の増加と継続研修**] PNEの最終年度までに基盤教育教員の50%が大学院の学位を有するように養成し、基盤教育のすべての教員が教育制度のニーズや要求、文脈を考慮しながら、専門分野の継続的に研修を受けられるようにする。 17　[**基盤教育教員の給与評価**] 公立学校の基盤教育の教員の価値を高め、PNE施行6年目の末までに、同等の学歴を持つ他の職業の専門家と平均所得が等しくなるよう、教員の給与を引き上げる。 18　[**教員の昇格基準の構築**] 2年間で、基盤教育および高等教育の公立学校の教員の昇格基準を保障する。

④民主主義と人権の推進のため		
指針（Ⅵ、Ⅶ、Ⅹ）	目標	［目標番号8、19］
Ⅵ 公教育の民主的運営の原則の推進 Ⅶ 国の人文、科学、文化、技術振興 Ⅹ 人権尊重、多様性、社会環境の持続可能性の原則の推進	8 [若者の平均就学年数の延長] 18歳から29歳までの平均就学年数を引き上げ、農村部、国内で就学年数の短い地域、最貧困層25％の人々がPNEの最終年に少なくとも12年就学するようにし、黒人と非黒人の平均就学年数の差をなくす。 19 [民主的な学校管理] 2年以内に、公立学校で、民主的教育管理を実施するための条件を確保し、そのために国家から財政支援および技術的支援を提供する。	
⑤教育資金調達のため		
指針（Ⅷ）	目標	［目標番号20］
Ⅷ（略）国内総生産（GDP）に占める教育への公的資金の適用目標の設定	20 [公教育への投資の増加] 公教育への公的投資を、PNE施行5年目には国内総生産（GDP）の7％、10年後にはGDPの10％相当となるように拡大する。	

出典：Brasil.INEP（2015）を基に筆者作成（目標の［　］内は筆者が加筆）。

育開発指数（Ideb）[7]で学校の質改善を試み、教員の価値の向上を目指した教員の研修や待遇改善、民主主義と人権の推進や教育資金調達に取り組んでいることが分かる。

（2）教育格差

①改善してきた就学率と留年・中途退学・飛び級

　ブラジル地理統計院（IBGE）の2021年全国世帯サンプル継続調査によると、6歳から16歳の就学率は、各年齢ともに95％以上で、とりわけ8歳から14歳までは99％を超えている。ただし、5歳と17歳の就学率は、それぞれ83.9％、84.3％であり、義務教育制度の完全実現にはまだ課題が残っている。

　さらに、就学していてもどの教育課程にいるのかは年齢別就学率だけでは分からない。入学するのが遅かったり、入学後に留年または飛び級したりするからである。小学校・中学校の学齢に相当する6歳から14歳までの在籍教育機関別就学率と人口の経年変化を示したのが**表4-4**

である。就学率は年々改善傾向にあったが、2021年はコロナ2019の影響で就学率が下がり、6歳から14歳で就学していない子どもは、24万人を超えている。6歳以上であっても幼稚園に在籍する生徒は2021年には2.8％の69万人もおり、彼らは小学校の入学時点で既に年齢超過することになる。一方、優秀な生徒で親や本人が希望した場合、様々な審査を経て飛び級することもある。**表4-4**の通り、14歳以下で既に普通中等教育である高校に通っている生徒が、2021年には1.8％の44万人以上いたことが分かる。

　このように、ブラジルには、留年や飛び級がある。出席が足りなかったり、学業成績が悪いと小学生でも留年する。かつては小学1年生から留年制度が適用されていたが、現在では、小学3年生までは留年はさせないということになっている。小学3年生までの学習を中断のできない一連のサイクルと見なし、学習成果よりも教育の継続性を重視しているからだ。ところが実際には、小学1年生でも1.7％留年もしくは中退していた（Brasil.INEP 2021）。小学4年生以上になると、学業成績の不振による留年制度があり、学齢と在籍学年が一致しない歪みが大きくな

表4-4　6～14歳の教育機関別就学率と人口（2013年～2021年、隔年）

	2013年	2015年	2017年	2019年	2021年
6～14歳の就学率［％］	98.5	98.7	99.2	99.7	99.0
う ち（幼稚園）	(1.6)	(1.4)	(1.5)	(1.5)	(2.8)
（小・中学校）	(92.9)	(93.7)	(95.5)	(95.5)	(94.3)
（高校）	(3.9)	(3.5)	(2.4)	(2.4)	(1.8)
（青年・成人教育）	(0.1)	(0.1)	(0.1)	(0.1)	(0.0)
6～14歳人口　［人］	28,475,000	27,328,900	26,426,900	25,988,600	24,775,700
う ち（不就学者数）	(431,900)	(344,900)	(212,200)	(90,000)	(244,000)

出典：ブラジル地理統計院（IBGE）「全国世帯サンプル継続調査」（PNAD-Contínua）各年度

る。年齢相当の適切な学年より2年以上遅れている生徒は、2020年に、小・中学校に15.5％、高校に26.2％在籍している（Brasil.INEP 2021）。

②所得格差と教育格差

　2014年と2016年に政府が実施した8歳までの読み書き能力調査で、学校生活の早い段階で、およそ半数の子どもに学習の遅れがあることが明白となった。学力停滞の問題は、国内外の調査にも表れている。例えば、2018年のOECD学習到達度調査（PISA2018）では、ブラジルは参加78カ国・地域の中で、読解力57位、数学的リテラシー70位、科学的リテラシー66位と下位であった。

　世帯の所得格差は教育格差に表れている。所得別で全体の上位25％の家庭の子どもと、下位25％の家庭の子どもで比較すると、**表4-5**の通りであった。就学率、修了率、大学進学率、学習習熟度のすべての観点において、所得上位層は下位層を上回っていた。

　就学率に関しては、義務教育である4歳から17歳は全体的に所得による差は小さく、特に初等教育は就学をほぼ達成できていることから、教育機会の平等性は達成できているといえよう。しかし、修了率は学年が上がるにつれて、上位層と下位層の差が大きくなっている。その差は大学進学率で顕著である。ブラジルは、OECDの調査によると、35カ国中最も学歴の所得格差の大きい国であり[10]、低所得層の進学率の低さは貧困の再生産につながっていると考えられる。

　また、学力達成度にも所得格差が表れている。ブラジルの全国テストSaebにおいて十分な習熟度のレベルに達していたのは、所得上位25％の家庭の子どもの方が明らかに多い。ただし、数学は、小学5年生では上位層と下位層の差が大きいが、学年が上がるにつれ上位層の成績が下がる。このように、学力問題は、所得格差と影響している一方で、世帯

所得に関わらず全般的な改善も必要とされている。

表4-5　所得段階別にみる教育の達成度

	所得上位25%の家庭の子ども	所得下位25%の家庭の子ども	統計年
就学率：0〜3歳	54.3%	27.8%	2019
就学率：4〜5歳	98.3%	92.6%	2019
就学率：6〜14歳	99.8%	99.2%	2020
就学率：15〜18歳	99.2%	93.4%	2020
小学校修了率：12歳	97.9%	90.6%	2020
中学校修了率：16歳	96.7%	78.2%	2020
高校修了率：19歳	92.6%	58.5%	2020
大学進学率：18〜24歳	50.2%	13.2%	2020
小学5年生ポルトガル語（十分な習熟度）	80.6%	38.2%	2020Saeb
中学3年生ポルトガル語（十分な習熟度）	58.9%	26.2%	2020Saeb
高校3年生ポルトガル語（十分な習熟度）	57.6%	28.2%	2020Saeb
小学5年生数学（十分な習熟度）	73.9%	29.7%	2020Saeb
中学3年生数学（十分な習熟度）	39.4%	13.5%	2020Saeb
高校3年生数学（十分な習熟度）	19.2%	4.9%	2020Saeb

出典：Todos pela Educação（2021:24-25,94）

③人種・肌の色、居住地域と教育格差

　長い歴史の中で混血化が進んだブラジルでは、複数の異なるルーツをもつ人が多いため、人種や肌の色、民族グループを決定する基準を作るのは容易ではないので、あくまでも「自認している」ことを基本としている。人種・肌の色について、ブラジルの国勢調査など公的な統計調査では、白人、黒人、褐色人種、黄色人種、先住民族の5つに区分している。褐色人種とは、「混血であると自称する人、または白人、黒人、混

血、先住民族など2つ以上の肌の色または人種が混じっていると自認する人」と定義されている。2022年時点での人種別割合は、白人43.1％、褐色人種45.4％、黒人10.3％、黄色人種・先住民・申告なしが合わせて1.2％となっている（IBGE 2022）。

　就学率や修了率、平均就学年数、15歳以上の識字率、大学進学率を、人種／肌の色（白人・褐色人種・黒人）と居住地域（都市と農村）でそれぞれ比較した結果が表4-6である。人種／肌の色では、白人が褐色人種や黒人と比べていずれの指標においても高く、居住地域は都市が農村よりもすべて高い。4歳から14歳までの就学率については、グループ間の差はわずかであり、中学校までは教育が普及していることが分かる。しかし、15歳から17歳の就学率や19歳での高校修了率、大学進学率では、人種別では白人、居住地域では都市の優位性が明白で、とりわけ大学進学率はグループ間の差が大きい。学校の修了率に差があるに

表4-6　人種／肌の色別および居住地域別にみる教育の達成度

	人種／肌の色			居住地域	
	白人	褐色人種	黒人	都市	農村
就学率：0〜3歳 　　　　（％）	40.7	33.2	40.3	40.0	20.4
就学率：4〜5歳 　　　　（％）	95.2	93.3	93.7	94.7	91.5
就学率：6〜14歳 　　　（％）	98.0	98.0	97.1	98.0	97.8
就学率：15〜17歳 　　　（％）	81.4	71.8	70.8	77.5	65.1
中学校修了率：16歳 　　（％）	87.3	79.6	77.5	83.9	73.7
高校修了率：19歳 　　　（％）	79.1	63.9	70.8	72.2	53.2
大学進学率：18〜24歳 （％）	32.7	18.0	17.0	25.9	9.8
平均就学年数：18〜29歳 （年）	12.4	11.2	11.4	12.0	10.2
識字率：15歳以上 　　　（％）	96.7	92.2	92.3	95.6	84.9

出典：Todos pela Educação（2021:33,37-38,42-43,71,78,84,94）

もかかわらず、平均就学年数の差が少ないのは、修了率の低いグループは留年を重ねているためと考えられる。

　居住地域の差は、市内・州内の都市と農村だけではない。ブラジルでは、経済的発展過程の歴史的な差異により、黒人や褐色人種の人口割合の高いアマゾンなどの北部・北東部の州と、白人の人口割合の高い南部・南東部の州では、大きな経済格差があると同時に、教育格差も大きい（田村 2019:96-97）。このように、今でも所得、人種／肌の色、居住地域（都市・農村、州間）による教育格差が歴然と存在しているのがブラジルの現実である。

④足りない学校の設備

　学校の設備は、教育の質に大きく関わっているが、ブラジルの多くの学校には、遊び場やスポーツコート、図書館などの必要な設備が足りていない（**表4-7**）。基本的な生活インフラである上下水道、トイレ、電気のカバー率は高いが、それさえも欠けているところがどの学校種でも数パーセントある。さらに健康な身体を育成するために必要な運動のできるスペースを有する幼稚園や小学校は半数を切っている。また、図書室や理科室、コンピューター室、インターネットアクセスの付与など学習に必要な設備が十分整備されていないことが分かる。これらの学校設備の整備状況も地域間格差・学校間格差が大きい。すべての子どもたちが安全な環境で充実した教育を受けられるようにするために、学校設備の整備も重要な課題となっている。

表4-7　公立学校の設備の整備状況（2020年） （％）

		保育所	幼稚園	小学校	中学校	高校
基礎インフラ	上水道（飲料水）	97.0	94.8	92.5	92.9	94.3
	下水道	96.9	94.3	92.7	95.1	98.6
	トイレ	98.0	96.7	95.5	96.4	96.7
	幼児用バスルーム	66.8	52.2			
	電気	99.4	97.7	96.6	97.8	99.7
学習スペースと設備	遊び場	58.1	45.6			
	スポーツコート			39.5	61.6	76.9
	図書室/閲覧室			52.5	73.3	88.4
	理科室			10.3	25.4	50.9
	コンピューター室			35.2	54.8	76.2
	生徒用インターネットアクセス			31.8	47.9	66.7

出典：Todos pela Educação（2021:27）

おわりに

　ブラジルは、義務教育、とりわけ小学校と中学校の就学率は100％に近付いており、教育を保障するために学校を増やしてすべての子どもを受け入れるという教育の量的拡大は実現されつつある。しかし、低学力や学業失敗（留年・中退）といった教育の質に関わる問題は依然として存在しており、所得や人種、居住地域など様々な社会的経済的要因による教育格差がある。そこで教育の質改善をいかに達成しうるのかがブラジルの改革の中心となっている。そのために、教員の質向上や学校の民主的運営などもPNEの目標に据え、取り組んでいる。

参考文献

アレンカール，シッコ、カルピ，ルシア、リベイロ，マルクス・ヴェニシオ（2003）『ブラジルの歴史―ブラジル高校歴史教科書―』（訳：東明彦、アンジェロ・イシ、鈴木茂）、明石書店。

佐藤美由紀（2014）「憲法と人権」ラテン・アメリカ政経学会編『ラテン・アメリカ社会科学ハンドブック』新評論、157-165。

テルズ，エドワード・E．（2011）『ブラジルの人種的不平等―多人種国家における偏見と差別の構造』（訳：伊藤秋仁、富野幹雄）、明石書店。

二井紀美子（2016）「ブラジルの識字教育―連邦直轄区の取り組みを中心に―」新海英行・松田武雄編『世界の生涯学習―現状と課題』大学教育出版、131-148。

二井紀美子（2018）「ラテンアメリカの教育事情（2）ブラジルの学校教育：学力向上を目指して」『人間と教育』100号、旬報社、114-119。

西井麻実（2011）「ブラジル：大規模な連邦システムに見る有望な取り組み」経済協力開発機構編（2011）『PISA から見る、できる国・頑張る国』（監訳：渡辺良）明石書店、235-266。

山田睦男・鈴木茂編（2022）『ブラジル史』山川出版社。

Brasil. INEP（Instituto Nacional de Estudos e Pesquisas Educacionais Anísio Teixeira）(2015) *Plano Nacional de Educação PNE 2014-2024 :Linha de Base.* Brasília, DF: INEP.（国家教育計画 2014-2024：ベースライン）

Brasil. INEP（Instituto Nacional de Estudos e Pesquisas Educacionais Anísio Teixeira）(2021) *Censo da Educação Básica 2020.* Brasília, DF: INEP.（2020 年基盤教育学校調査）

Brasil. INEP（Instituto Nacional de Estudos e Pesquisas Educacionais Anísio Teixeira）(2022) *Censo da Educação Básica 2021.* Brasília, DF: INEP.（2021 年基盤教育学校調査）

IBGE（Instituto Brasileiro de Geografia e Estatística）(2022) *Pesquisa Nacional por Amostra de Domicílios Contínua*(*Pnad Contínua*).Rio de Janeiro:IBGE.（2021 年全国世帯サンプル継続調査）

OECD（2022）*Education at a Glance 2022: OECD Indicators.* OECD Publishing, Paris, https://doi.org/10.1787/3197152b-en.

Todos pela Educação（2021）*Anuário Brasileiro da Educação Básica 2021*.São
　Paulo: Moderna.（ブラジル基盤教育年鑑 2021 年）

》》注

1　ブラジルの歴史や人種的不平等について詳しくはアレンカールほか（2003）や
　テルズ（2011）、山田・鈴木編（2022）等を参照されたい。
2　本章では Escola de Educação Fundamental Anos Iniciais を小学校、Escola de
　Educação Fundamental Anos Finais を中学校と訳出した。
3　Educação Fundamental は初等教育と訳されることもあるが、日本の初等教育
　との誤解を避けるため、本章では Educação Fundamental を基礎教育、
　Educação Básica を基盤教育と訳出した。
4　義務教育年限延長について詳しくは、二井（2018）参照。
5　例えば、連邦直轄区の事例については、二井（2016）参照。
6　市（município）は、ムニシピオ、基礎自治体、地方自治体などと訳されること
　もある。
7　基盤教育開発指数（Ideb）とは、生徒の学習到達度（ポルトガル語と数学の全
　国共通で行われるテストの結果）と、次の学年への進級度（進級率・留年率・
　卒業率）の２つの要因に基づき算出された公立の学校ごとの成績指標である。
　良いレベルの学校と評価されるためにはスコアが６以上となる必要がある。
　Ideb は教育のアカウンタビリティを大きく前進させ、全国の学校改善の強力な
　刺激剤になった（西井 2011:245）。
8　絶対的非識字率とは、全国世帯サンプル継続調査で、読み書きができると宣言
　していない人の割合を指す。
9　機能的非識字率とは、全国世帯サンプル継続調査において、15 歳以上で学校教
　育が５年未満または読み書きができないと宣言している人の割合を指す。
10　OECD（2022:Figure A4.1）によると、2020 年時点での 25 歳から 64 歳の学歴
　別収入は、高卒相当を 100 とした場合、ブラジルでは大学卒は 265、中卒以下
　は 67 であった。高卒・大卒間、高卒・中卒以下間のどちらについても、ブラ
　ジルは OECD 調査参加 35 カ国中最も格差が大きかった（OECD 平均では、大
　学卒 159、中卒以下は 79）。

学習課題

1．**表4-3**を見て、日本においても特に必要度の高い教育改革の目標
　はどれか、また日本ではどこまで達成できているか、文献やインター
　ネット情報を調べてあなたの考えを整理しなさい。
2．ブラジルの教育格差の実態を考慮して、日本における教育格差問題
　にはどのようなものが考えられるか、あなたの考えを整理しなさい。

5 | シンガポールの学校教育

シム　チュン・キャット

《**目標＆ポイント**》　本章では、シンガポールの教育制度の成り立ちと特徴およびその社会的背景への理解を通して、日本の教育の現状と課題について考えることを目的とする。
《**キーワード**》　多民族国家、教育の役割、バイリンガル教育、分岐型教育制度、義務教育

はじめに

　シンガポールといえば、何が思い浮かぶのだろうか。おそらくその答えになりそうなのが、世界三大がっかり名所ともいわれている国のシンボル「マーライオン」、あるいは正面から見ると川の字に見えなくもない三つのビルの上に船が乗っているデザインで有名な「マリーナベイ・サンズ」、もしくは罰金制度の多い「ルールが厳しい国」、そのために「きれいで清潔な国」はたまた「小国ながら経済的に成功した豊かな国」なのではないだろうか。（**図5-1**）

　上に述べた国のイメージ以外に、実は、**表5-1**に示した国際学力調査 TIMSS（国際数学・理科教育動向調査）と PISA（OECD 生徒の学習到達度調査）の国別ランキングをみればわかるように、学校教育の世界では、シンガポールは子どもの**学力**が世界トップレベルであることが知られており、一目置かれる国としても有名なのである。

　さらにいえば、冒頭で述べた、シンガポールから連想されそうなイ

表5-1　TIMSSとPISAにおける学年・科目別のトップ5の国・地域

TIMSS-2019（対象：小4・中2生）				PISA-2018（対象：15歳児）		
小4算数	小4科学	中2数学	中2科学	数学的応用力	科学的応用力	読解力
シンガポール	シンガポール	シンガポール	シンガポール	中国#	中国#	中国#
香港	韓国	台湾	台湾	シンガポール	シンガポール	シンガポール
韓国	ロシア	韓国	日本	マカオ	マカオ	マカオ
台湾	日本	日本	韓国	香港	エストニア	香港
日本	台湾	香港	ロシア	台湾	日本	エストニア

出典：日本文科省・国際学力調査（PISA、TIMSS）の資料をもとに筆者が作成。
#：中国の調査対象地域は北京市、上海市、江蘇省と浙江省のみ。

メージはすべて国の発展と結びついており、そしてその発展の背後には常に「学校教育」がついているのである。この章で明らかにしたいのは、まさにシンガポールにおける国づくりと学校教育との深い関係である。

1．世界トップレベルの学力を誇る学校教育の軌跡と特徴

（1）独立を突然宣告された小国

　アジア初のオリンピックが東京で開催された1964年に、シンガポールという国は存在していなかった。当時、華人[1]人口の多いシンガポールとマレー人が多数派を占めるマレーシアは、同じマレーシア連邦に属しながら、民族問題に対するイデオロギーの違いから政治対立が激化し、結局連邦の一州であったシンガポールが半ば追放される形で翌年の1965年に分離独立を余儀なくされた。

　東京23区より一回り大きい国土面積しかなく、生活用水まで輸入に頼る、何の資源もないシンガポールは独立時から、「人」とゼロから何かを創り出す「知恵」と「アイデア力」だけが頼りであることは改めて

図5-1　マーライオンとマリーナベイ・サンズ
（筆者友人撮影）

指摘されるまでもない。そして、貴重な人的資源を戦略的に管理すべく、学校教育が重要な政策課題と位置づけられた。しかしながら、多民族、多言語、多文化、多宗教を抱える新生移民国家には、国民を統一させるルールづくりも含め、様々な学校教育課題が山積していた。

（2）独立時の教育事情と課題

　マレーシア連邦から強制的に独立させられた当時のシンガポールの教育環境は、カオスの状態にあった。そもそもシンガポールは、イギリスがそのマラッカ海峡の玄関口にある好立地を活かして、19世紀初頭から重要な植民地として発展させた、ヨーロッパとアジアを結ぶ中継貿易港と商業都市である。そして、ほぼ無人島に近い状態だったシンガポールがその後飛躍的な経済成長を遂げるにつれて、インド、中国や周りの国々から多くの移民が押し寄せたのである。

　シム（Sim 2019: 134-141）でも詳しく述べられているように、シンガポールが独立する前の時代においては、当時の宗主国イギリスにとっ

て重要な関心分野は、シンガポールという直轄植民地の貿易と商業で
あって、現地に住む住民の教育などはないがしろにされていた。そのた
め、植民地政府に勤める中下級役人や商業活動を支える人材を育成する
という目的で、イギリスが創設した官立学校はほんの数校しかな
かった。

　その一方で、商業都市ゆえの教育への関心の高さから、植民地政府当
局管轄外の私立学校が、自由放任主義のもとで乱立していた。キリスト
教のミッション系や仏教系の学校などの宗教学校もあれば、民族ごとの
血縁・地縁組織、あるいは政治団体、慈善団体もしくは篤志家などが創
立した学校もあった。このような背景から、当然ながら、それぞれ私立
学校の教育方針と取り組み、または授業内容と使用言語、さらに教員の
資質と能力までもが十「校」十色で、まとまりに著しく欠けるというカ
オス状態が長年続いていた。

　植民地政府と各宗教や民族コミュニティのニーズに応える学校が多い
ことに加え、国土が狭いゆえにどこからでも学校へのアクセスがしやす
いこともあって、独立した1965年当時、シンガポールにおける就学率
はすでに高かった。だが、学校教育が上述したような百「校」繚乱の状
態にあっては、独立後の国づくりを進めるうえで不都合と考えられた。

（3）教育に課された役割期待

　先にも述べた通り、多民族国家シンガポールは、元来19世紀初頭か
ら中国、インドや周辺国から新天地を求めてやってきた移民の子孫に
よって築かれた国なのである。華人系約75％、マレー系約14％、イン
ド系7〜9％とそのほかの民族1〜3％という独立時からの民族構成は今
でも大きく変わっていない。民族によって話す言語が異なるのはもちろ
んのことであるが、シンガポールの言語事情を一段と複雑にさせていた

のは、例えば同じ華人系と言っても、祖先の出身地によっては話す言葉に違いがあり、漢字で書かなければ通じ合えないことであった。

　以上の背景から、各民族の文化継承および民族間と民族内の融和を図りつつ「シンガポール人」という国民意識を形成すべく、まず各民族の母語を定め（例えば、現代中国の「普通話」にあたる「華語」を華人系の母語にするというように）、さらに旧宗主国イギリスの行政言語である英語を異民族間の共通言語にするという**バイリンガル教育**、つまり母語と英語の二言語政策が独立後に実行されたのである。そして官立私立を問わず、学校にはこの壮大な国家計画を実現させる役割が期待された。

　こうした中で、設置形態の異なる学校間の相違をなるべく無くすようにし、学校教育の統一性を確保することが重要であることは言うまでもない。国はまず**バイリンガル教育**政策の法的基盤を制定したうえで、教員給与負担や学校補助金供与などの飴政策を打ち出すことによって、それまで私立であったほとんどの学校は教育省の管轄下に置かれるようになった。他方で、財政的基盤があり自主権の放棄を拒む残りの私立学校は、国策に沿わないことから、その後の人気低迷に伴う入学者減や定員割れに直面したために、結局国の方針に従わざるを得ない状況となっていった。加えて都市国家ゆえに、教育省本部から国内のどの学校へも車で1時間弱圏内にあったことが、学校教育を統制、規制するのに都合が良かった。

2.　分岐型教育制度への大転換

（1）バイリンガル教育の問題

　しかしながら、独立後に強力に推進された**バイリンガル教育**政策は期待通りには進まなかった。

　独立直後に、教育省の管轄になったほぼすべての学校に**バイリンガル教育**政策が導入され、華人系なら華語と英語を、マレー系ならマレー語と英語を、インド系なら南インドの言葉であるタミル語と英語を学校で学ぶことにはなった。ところが、この**バイリンガル教育**政策が強化されたがために、多くの子どもたちが小中学校から中退していったのである。

　シム（2009: 38、2019: 34）でも説明されている通り、当時の政府が公表した報告書によると、独立後に導入された**バイリンガル教育**の10年間にわたって、小中学校からの中退率はずっと高止まりの状態が続き、高校進学率に至っては15％弱という低い水準にとどまっていた。問題の核心は、85％もの子どもが家で話されない言葉で学校の授業を受けていたことである。特に多数派を占める華人の場合は、大多数にとっての母語は方言であり、共通語の英語はもとより、標準語の華語でさえ良くて「継母語」であったのである。その結果、授業言語が十分に理解できないために学業の負担が重くなり、小学校と中学校からはそれぞれ29％と36％もの子どもが去ることになってしまったと同報告書には記されていた。人的資源が貴重なシンガポールにおいて、この事態は深刻な問題として捉えられたことは論を俟たない。

　新しい国づくりを導く優秀な人材の育成とそれを支える教育制度の実現を目指すシンガポールは、教育の質と水準を下げるわけにはいかず、一方で言語能力の乏しい子どもを学校にとどめることが急務となったため、潜在的な学校中退者の異なる能力に合わせたコースを設置する必要に迫られた。このような背景から、小学校段階から子どもを能力別に振り分ける分岐型の習熟度別教育制度が1979年から始められたのである。

（2）現行の習熟度別教育体制

　「**巻末資料6**」に示すシンガポールの教育制度についての複雑な図は、それでも簡略化されたものである。最上部にある最終目的地である「就職と生涯学習」に到達するのにいくつかのルートがあるものの、略図を下から見ていくと、左側へ行くほど大学経由の道のりが長くなることがわかる。なお、多分野の人材育成を国策の柱とする同国において、小学校から大学まで、また技術教育校と日本の高等専門学校に相当するポリテクニック（略称ポリテク）も含めて、ほぼすべての教育機関が公的機関であることを強調しておきたい。さて、以下では**学力**の異なる人物を事例に挙げ、それぞれが大学まで進学した場合の小学校からの教育課程を簡単に説明していく。

　学力が上位であったＡさんは、小学校3年生に必須でないスクリーニング・テストで上位1％の優秀な成績を収めたため、翌年の4年生から、次節で詳述する**ギフテッド・エデュケーション**（英才教育）プログラムを受けることになった。小学校修了試験でもトップの成績を維持したＡさんは、ケンブリッジ教育認定試験の一般教育修了の普通レベル（General Certificate of Education Ordinary Level、略称 GCE O レベル）を受けずともストレートに高校まで進学できる中高一貫校に入り、その後も順調に GCE の上級レベル（Advanced Level 、略称 A レベル）の試験で良い成績を獲得してスムーズかつ最短距離で大学に入学した。

　学力が中上位層に位置していたＢさんは、英才教育プログラムにこそ入れなかったものの、小学校5年生からすべての教科において標準学級に進み、小学校修了試験でも良い成績を残したことから、中学校では快速コースに入った。その4年後に受けたＯレベルで満足のできる成績を収めたため、ジュニアカレッジに入学したＢさんはその2年後のＡレベルでも良い成績を取り、順調に大学に進学した。

　学力が中位層のＣさんは、Ｂさんと同じく中学校では快速コースに進んだ。Ｏレベル受験後、Ｃさんは学校ランクのやや低いジュニアカレッジに入学することもできたものの、ディプロマの資格が取得できるポリテクに進学することにした。ポリテクで良い成績を残したＣさんはその後大学の２年生に編入した。

　学力中下位層に位置したＤさんは、小学校５年生から標準学級ではなく基礎学級で学んだ教科（小学校修了試験教科である英語、自民族の母語、算数もしくは理科のいずれか）があったことから、中学校では普通学術コースに振り分けられた。Ｄさんは中学校４年生に受けたGCEのノーマルレベル（Normal Level、略称Ｎレベル）の試験成績が良かったため、その後もう１年勉強し、中学校５年生としてＯレベルの試験を受けて、ジュニアカレッジかポリテクへの進学を目指すこともできた。しかし残念なことに、ＤさんはＯレベル受験に失敗し、進学先は国家技術資格が取得できる技術教育校のみになった。だが、Ｄさんはその後奮起して、技術教育校からポリテクへ、そしてそこからまた大学へ編入することができた。ちなみに、ＤさんがＮレベルでもっと優秀な成績を収めれば、中学校５年生になる代わりに、１年間の「ポリテク基礎プログラム」を受け、直接ポリテクへの進学を目指す道もあった。

　学力が下位にいたＥさんは、小学校５年生に基礎学級で学んだ教科が多かったため、中学校では普通技術コースに振り分けられた。このコースに入ったほとんどの生徒の進学先は技術教育校に限られたものの、遅咲きのＥさんは勉強に精を出し続けて、Ｄさんと同じように最終的に大学への編入を果たした。

　上述のように、シンガポールの教育制度に袋小路はなく、「敗者」には何回も復活戦が与えられる。下位から中位あるいは中位から上位の学級やコースに上がるのは簡単ではないものの、流動性はある。しかも**図**

5-2のように、DさんとEさんが入学した技術教育校は、公的機関ゆえに学費が月額数千円と安いだけでなく、キャンパスも設備も最先端のデザインを駆使した学びの空間となっていることをここで記しておく。

　以上からわかることは、限られた人的資源を最大限に活用すべく、シンガポールは学術教育だけでなく、実用性と実践力に重点が置かれた技術職業教育も非常に重視しているということである。シム（2009）でも詳細に描かれているように、技術教育校は、評価の内容も基準も異なる「敗者復活」のためのセカンド・ルートを設けることによって、初期選抜から漏れた生徒の自尊心の再建と活力の再生も図っているのである。

　なお、子どもの学びの旅に多様性と柔軟性をもたらすことを目標に、中学校における快速・普通学術・普通技術の三分岐型のコース分けが2021年から段階的に廃止され始め、2024年には小学校と同じような教科ごとの習熟度別学級分けシステムに移行することも付記しておきたい。

図5-2　2005年に開校した最も古い技術教育校
ITEの校舎（筆者撮影）

（3）各教育段階の進学率推移

　習熟度別教育体制のもとで、子どもは小学校高学年から各々の能力に合った学びを通して、自らのペースで学校生活を送ることができるようになった。そのために、小学校における中退率は年々下がり続け、1970年代の約3割から、1990年代に約5％、2010年代には2％弱、そしてついに昨今の1％未満という低率となった。

　国連にも承認された国際NGOセーブ・ザ・チルドレンのグローバル・チャイルドフード・レポート2021によれば、2015年から2019年にかけての5年間において、シンガポールにおける小中学校からの平均中退率は0.2％とデータのある国の中で最も低い数字を示している。ちなみに、同レポートが発表した、子どもの教育とウェルビーイング（心身的健康）の保護を指標化した国別ランキングでは、シンガポールは世界186ヵ国中1位となっている。

　シンガポール教育省が毎年発表する教育統計ダイジェスト（Education Statistics Digest、略称ESD）2022年版によれば、小学校修了試験の合格率が毎年約98％となっており、合格者は中学校におけるいずれかのコースに進学する。全員合格ではないものの、留年などで修了試験に2回以上挑戦してもクリアできない小学生を受け入れる職業訓練系の中学校もあるため、シンガポールではほぼすべての子どもが中等教育に進学すると考えて差し支えない。また同ESDによると、快速・普通学術・普通技術という3つのコースに在籍する中学校1年生の割合はそれぞれ64％、24％、12％となっており、ジュニアカレッジ・ポリテク・技術教育校への進学率はそれぞれ約30％、45％、25％である。

　さらに、ESDのデータでは大学進学率（国内の全日制のみ）が約40％となっているものの、国勢調査2020のデータを見ると、25〜34歳

と 35〜44 歳の年齢層における大卒者の割合がそれぞれ 56.9 ％と 52.2%
であったため、高学歴の新移民の増加に加え、数年働いた後にリカレン
ト教育を受けるなり留学するなりして、年齢に関係なく多種多様なルー
トで最終的に大卒の資格を取得する国民が多いことが考えられる。

3. 改革を重ねてきた学校教育

　先述したように、**学力**の低い D さんと E さんが進学する技術教育校
でさえ、最先端の機械、機器やロボットなどがずらりと並び、校舎も設
備も最新できれいに整備されている立派なものになっていることから
も、教育へのシンガポール政府の支出が厖大であることが推測できよ
う。現に 2022 年度の政府予算案を見ても、少子高齢化の進行と世界情
勢の変化に伴って保健省と国防省に配分される予算が増加する中、教育
省には未だ政府支出の 13 ％を占めており、保健省の 18% と国防省の
15% に次いで第三位の規模を持っている。実際、その予算案について
説明するローレンス・ウォン財務相は 2022 年 2 月 18 日に行われたス
ピーチの中で「人生において最善のスタートを可能な限り与えるよう
に、シンガポールは子どものために多額の投資を行い続けていく」と公
言している。

　図 5-3 のように、高等教育段階ともなると、例えばシンガポール国
立大学に次ぐ威信を持つ南洋理工大学のキャンパスが技術教育校以上に
世界最先端の設備を備えていることは言うまでもない[2]。

　「知」をめぐる世界競争の中で生き残るためには、周囲の国々より常
に一歩先を走る、あるいはそれらの国々が常に二歩遅れているようにい
かに速く進歩するかが重要だという認識は、小国シンガポールでは根強
い常識なのである。それゆえに、1965 年の独立後以来、同国の教育制
度は国の発展と経済戦略に寄与すべく、また常に時代を先取りしなが

図5-3　2015年にオープンした南洋理工大学のラーニング・ハブ The Hive
（蜂の巣）（筆者友人撮影）

ら、実験的な試みも含めて改革を重ねてきた。この節では、小学校教育
に関連する二つの改革政策を取り上げて見ていく。

（1）ギフテッド・エデュケーションの実施

　近年日本でも注目されている**ギフテッド・エデュケーション**、すなわ
ち「天から授けられた」特異な才能を持つ子どもを対象とした特別教育
プログラムを、シンガポールは約40年も前の1984年に導入した。
　日本では、ギフテッドについて議論するとき、「特異な才能」を持つ
ことに加え「周囲になじめず困難を抱える」子ども像が語られがちとい
う印象が強く、また2022年に行われた文部科学省の有識者会議では、
異なる才能、個性とニーズに応じた教育支援を実現するために敢えてギ

フテッドの定義はしないと結論付けられている。

　それに対してシンガポールの教育省は、そのホームページに明記しているように、**ギフテッド・エデュケーション**（英才教育）プログラムの目標と目的は、深くて高度な知的水準を有する子どもを将来国と社会に貢献できるリーダーとして育てることである。いわゆるギフテッド・チルドレンを特定するのに、強制ではないものの、すべての子どもは小学校3年生にスクリーニング・テストを受けることができ、このテストをクリアした子どもはさらに第二次選抜に進むことになる。前節に登場した、成績が優秀なAさんはまさに2回にわたるスクリーニング・テストを通して選ばれた英才なのである。

　2022年において、4年生から始まる特別な少人数英才教育を行う小学校は9校に限られ、英才と選ばれた子どもは、この9校に在籍している者以外は、全国の約3分の2の小学校から転校してくることになったという。

（2）義務教育の導入と背景

　子どもの**学力**が世界トップレベルのシンガポールでは、義務教育は小学校の6年間のみで、しかもその導入が意外にも2003年からのことであった。すでに述べた通り、そもそもシンガポールでは、もともとの設置形態に関係なくほとんどすべての学校が教育省の管轄下に置かれるようになり、また社会経済的ニーズから、義務教育が制度化されていなかった時代より学校への就学率は高かった。

　今日でも残存している私立小学校は1校のアドベンティスト（再臨派）のキリスト系学校と4校のイスラム系宗教学校（マドラサ）のみであり、これらの私立小学校に通う子どもの数は全生徒数の1%にも満たない。それまで義務教育でなかった小学校教育が2003年になってよう

やく義務化された背景には、学習カリキュラムの内容が時代遅れになったこれら私立宗教学校にナショナル・カリキュラムの要素を浸透させるためでもあるという見方が強くある。小学校義務化に伴い、宗教学校の生徒でも国家統一試験である小学校修了試験を受けることになり、最低基準の**学力**確保が必須となったからである。

　ところで、第1節でも述べたように、シンガポール独立直後の当時はキリスト教のミッション系や仏教系の学校などの宗教学校も数多く存在していたが、公立化されるのに伴い、上述した私立宗教学校とは異なってこれらの学校ではミサなどの宗教儀式が行われることはあるものの、宗教教育は一切実施されていない。加えていえば、道徳科目という位置づけで、各宗教の思想と知識を媒体とした「宗教知識科」という科目が1984年に中学校で導入され、生徒たちは「聖書知識」「仏教学習」「イスラム教知識」「ヒンドゥー教学習」や「儒教倫理」などのいずれかのコースを選択することになっていたが、教員の中立性や布教活動の活発化および宗教熱の高まりが懸念されたことから、1990年に廃止された経緯があることも指摘しておきたい。

　それはともかく、現在のシンガポールにおいて、義務教育は就学義務制度を基本的に採用しているため、ほぼすべての子どもは国公立小学校ないし上述した私立学校に入学することになる。ただし稀ではあるものの、発達障害もしくは海外滞在期間が長い、あるいは教育省が定める「ギフテッド」とは異なる特異な才能を持つなどの特別な理由から教育省による免除制度があり、小学校修了試験に基づく基礎**学力**の習得が保障できる条件を満たせば、インターナショナルスクールへの入学やホームスクーリングも可能である。

参考文献

シム　チュン・キャット、2009『シンガポールの教育とメリトクラシーに関する比較社会的研究－選抜度の低い学校が果たす教育的・社会的機能と役割』東洋館出版社。

シム　チュン・キャット、2019「シンガポール－落ちこぼれをつくらない都市国家の教育戦略」ハヤシザキカズヒコ・園山大祐・シム　チュン・キャット編『世界のしんどい学校』明石書店、32-47。

Sim, Choon Kiat, 2019 "Expansion Strategies of Singapore's Secondary Schools amidst Processes of Economic Transformation and Nation Building" in S. Aizawa, M. Kagawa and J. Rappleye eds. *High School for All in East Asia: Comparing Experiences.* New York: Routledge, 133-154.

》》注

1　華人とは、主に19世紀以降に中国南部から生活苦や戦乱のため、より豊かな人生を求めて、ボートピープルさながら国外に移住した中国系の移民で、またすでに現地に根を下ろして国籍も所有している人々を指す。

2　イギリスの高等教育専門誌「Times Higher Education（THE）」が毎年発表している「THE世界大学ランキング」の2023年版では、シンガポール国立大学と南洋理工大学はそれぞれ19位と36位を占めていた。ちなみに、東京大学と京都大学は39位と68位にそれぞれランクされていた。

学習課題

1．常に変化するシンガポールの教育制度の新しい動向を調査し、その背景と意図をまとめなさい。

2．あなたがシンガポールの教育相になったとして、改革推進を図りたい政策を一つ挙げ、その理由と予想される反論について、具体的に考えなさい。

第2部　生徒・教員・保護者
6 ｜ ドイツの生徒・教員・保護者

辻野けんま

《目標＆ポイント》　本章の目標は、学校の当事者である生徒・教員・保護者
それぞれの立場の違いや関わり方について考えることにある。ドイツの学校
では、これら当事者の**教育参加**と共同決定が原則とされている。日本では学
校の意思決定が法的には校長に属し、実質的には教員も主導的立場にあるが、
ドイツの**教育参加**のしくみは対照的である。**教育参加**のしくみが実際にどう
なっているかに目を向け、それが教育に与える影響の違いについて考える。
《キーワード》　教育参加、学校会議、生徒代表、管理された学校、学校の自
律性、学校の法化

はじめに―「学校」の意思決定は誰がおこなうのか―

　校則は誰が決めるものか？――このように問われると、「学校が決め
るもの」と思われがちではないだろうか。近年は日本でも「ブラック校
則」という言葉が普及し、校則改正へ向けて生徒会の役割が増す動きも
見られるようになった。

　校則がしばしば生徒の反発を買うのは、髪型からソックスの色まで細
かく規定する内容もさることながら、学校が一方的に定めてしまうとい
う非民主的なしくみにも起因する。本来、民主主義におけるルール（法）
というものは「人を守るためにあるもの」とされるが、日本ではしばし
ば「ルールは人が守るためにあるもの」のように教えられがちだ。

　ドイツの学校にも校則はある
が、学校が独断で決めることは
できない。むしろ、学校の重要
な事項は、すべて生徒・教員・
保護者の3者で協議しなければ
ならないと法律で定められてい
る。「学校」の意思決定に当事
者を参加させるというしくみ
は、1970年代以降に全国的に
制度化されていった。その象徴
ともいえるのが、生徒・教員・
保護者が必ず参加する「**学校会
議**」[1]である。

　ドイツの**学校会議**では、教員
のみならず生徒や保護者の代表
者たちが含まれ、一部の議題を
除けば原則一人一票の投票権を
もって採決に臨む。こうして挙
手によって採決が行われること
が通例である。この点が日本の
「職員会議」と決定的に異なる。
重要なのは、ドイツにおいて、
生徒・教員・保護者の「参加」
なしに重要な会議を開くこと
は、法令違反となってしまうと
いう事実である。

図6-1　学校会議で発言する生徒
（筆者撮影）

図6-2　学校会議で発言する保護者
（筆者撮影）

図6-3　挙手による議決の風景
（筆者撮影）

　教育参加があらゆる州において実定法化されているのは、権利を形式的にではなく実質的に保障するためだ。権力が独占されないようにルール（法）を当事者でつくるのが民主主義であり、それを学校で具現化させるのが**教育参加**のしくみなのだ。

　日本の学校には職員会議があるが、その言葉からも分かるように、保護者と生徒が参加して一緒に協議する場ではない。法制度上では、日本の職員会議は教員にさえ参加権が保障されていない校長の補助機関である（学校教育法施行規則第48条第2項）。東京都のように教員による挙手・採決を禁じる自治体さえある。

　図6-1〜3は、あるギムナジウムの**学校会議**の風景である。生徒が発言する様子（**図6-1**）や保護者が発言する様子（**図6-2**）がうかがえる。そして、最後には一人一票をもって挙手等で議決することが通例だ（**図6-3**）。ドイツではこのしくみが法によって定められているのだが、日本では逆に法によって禁じられているという状況は奇妙な対照である。

1. 生徒の教育参加

　図6-4は、ベルリンのＡギムナジウムの生徒会の生徒が、筆者の訪問調査（2013年10月31日）の際にプレゼンテーションしてくれた資料である。全生徒からの代表組織として「生徒会」が組織され、さらに学年段階ごとに代表者からなる「**生徒代表**」が組織されている。生徒会は、**学校会議**、職員会議、教科会議、父母会という、およそ学校のあらゆる主要な会議に代表者を派遣していることが分かる。

　もちろん、すべての会議に同じ形態で参加しているのではない。職員会議や教科会議、父母会などには投票権をもたない、「助言参加」というオブザーバーの形態をとっている。一方で、学校の最高議決機関であ

る**学校会議**については、共同決定の権利をもって参加している。この場合は、前掲した**図6-3**のような採決時に、一人一票の権利を持って議決に参加する。

　同校の「**生徒代表**」は4名いるが、そのうち1人L（第9学年生）は、次のように語る[2]。

　　（…）共同決定は、対立する意見を克服したり、生徒会側のプロジェクトや将来像を途中段階で示すことができます。また、提案をしたり（…）いろいろな事柄について質問したり、決定したりできますので、私は共同決定はとても素晴らしいと思います。

　また、同校の別の**生徒代表**N（第12年生）は、より詳しく次のように述べる。

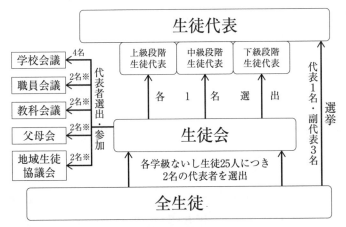

図6-4　ベルリンの生徒参加の構造
※は助言参加（＝共同決定権をもたない）を示す。
（ベルリンのAギムナジウム生徒会の提供資料を筆者邦訳。
ベルリン学校法第84、85条を元に一部加筆修正。）

生徒は「自分たちが学びたいこと」に向けて一緒に決めていけることが大切です。(…) 私が何か意見をもつときには、いつもそれをはっきり伝えようと考えています。私の意見が先生の意見と違っていても、もし自分が一方的に不利益になるようなことがあれば、他の先生か保護者、あるいは校長先生に相談に行きます。私たちは自分の意見を言う権利をもっているので、誰もいやな思いをすることはありません。だから、物事をうまく進めるためにどうすれば良いか、自分の考えをはっきり言ったり、何か不満があるときにはそれを伝えたりすることは大事だと思っています。

　ここで、一口に**教育参加**と言っても、保護者や生徒の場合、実際には議決事項に応じて、①情報を得るにとどまる「聴聞権」、②聞くだけではなく意見を表明できる「意見表明権」、③一人一票の議決権をもつ「共同決定権」の各段階に分けられている。

　ドイツは16の州（Land）からなる連邦共和制国家のため、学校教育にかかわる権能は各州に委ねられている（第1章参照）。このため、教育制度は各州で異なっており、それにともない**教育参加**の構造や会議の名称なども多様である。しかし、生徒・教員・保護者のいずれの当事者も**教育参加**を行うしくみは、あらゆる州で法制化されている。

2. 保護者の教育参加

　これまで学校経営への生徒の参加を中心に見てきたが、次に保護者の参加についても見ていこう。**図6-5**は、ニーダーザクセン州（以下、NS州）の**学校会議**[3]のしくみを示している。**学校会議**では、学校規模に応じて**教育参加**の人数等が法定されている。例えば、教員数11〜30人の学校では「全教員＋保護者代表6名＋生徒代表6名」となって

いる。

　また、2007年からは新たに「学校理事会」が設置されることとなった（**図6-6**）。学校理事会では、「教職員：保護者：生徒＝2：1：1」と、教職員でさえ代表参加のみとされる。**学校会議**も学校理事会も、州学校法で定められた議決機関である。2つの会議の違いは、**学校会議**が「教育的事項」を扱うのに対し、学校理事会が「専門的な教育的事項を除くあらゆる本質的な事項」を扱うとされている点にある。

　別のブレーメン州では、州学校法において、**学校会議**を「最高議決機関」（第33条1項）と位置づけている。そして**学校会議**で審議・決定する事項を、おおむね次のように規定している（同2項）。(1) 学校ごとにつくる教育活動の重点（学校プログラム）、(2) 学校の目的規定の原則、(3) 校則、(4) 授業の組織化の原則、(5) 学校裁量予算の分配、(6) 地域内の他の学校や諸施設等との連携、(7) 学校外行事（校外学習・旅行等）の原則、(8) 保護者等の授業参観権の規定、(9) 特別な法規程で定められた任務、(10) 非授業担当職員・親・諸集団合同の研修、である。

　では、実際に保護者たちはどのような思いで**教育参加**を行っているの

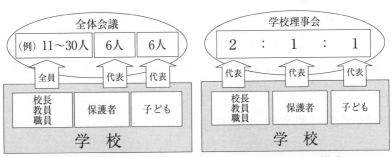

図6-5　学校会議の構造　　　**図6-6　学校理事会の構造**
（両図ともにNS州学校法第36条、38a条、38b条に基づき筆者作成）

だろうか。ベルリンのある基礎学校の保護者代表たちに、「理想の学校
像とはどのようなものですか？」と尋ねてみたところ、「その議論には
さらに1週間は必要ね」と笑顔で応じつつ、「安心してすごすことがで
きる家族的な学校」「お互いに協力しあえる学校」「子どもがより自己決
定できる学校」などの意見が聞かれた[4]。これはあくまで一例にとどま
るが、「学校を良くしたい」との願いが共有されるならば、**教育参加**に
より議論が生まれることは、学校全体の発展に寄与すると期待して良い
だろう。

　留意しなければならないこととして、ドイツにおける親の教育権は、
基本法（憲法）によって明確に保障された基本権であるということだ。
基本法第6条2項は「子どもの育成および教育は、親の自然的権利であ
り、かつ、何よりもまず親に課せられた義務である。（…）」と定め、親
の教育権を自然権として保障している。自然権とは、家族の成立が国家
の成立に先立つことに鑑み、国家的権能に優位する強力な権利ととらえ
る説もある。日本の常識から見ると「親の権利が強すぎるのではない
か？」と映るかもしれないが、逆にドイツから見ると「親が学校の会議
に参加できないのはひどいのでは？」と訝しがられるだろう。

　ただし、親の教育権は主として家庭での自分の子どもに対するもので
あり、学校領域にそのまま適用されるわけではない。親が学校のあらゆ
ることを共同決定できるわけではなく、一定の制約が存在する。次に述
べるように、教員の教育活動については専門的事項とされ、そこに対す
る親の権利は通常、説明要求権や情報請求権に限られる。

3. 教員の「教育上の自由」

　教育参加が生徒・教員・保護者のすべてに保障されるといっても、こ
の三者がまったく同じ形態の参加を行っているわけではない。「なんで

も共同決定」というのは民主的かもしれないが、専門家としての判断余地が全く無いとするならば、そもそも専門職が必要とされる理由が無くなってしまう。そこで、教員は授業を行う特別な資格を付与された専門職とされ、専門的な領域については一定の裁量が保障されている。

　ベルリン学校法第67条2項には、「（…）教員は、固有の教育的責任において授業及びその他の教育を行い、診断及び評価を行うとともに、助言ならびに援助を行う」と定めている。このような教員の「固有の教育的責任」は「教育上の自由」と呼ばれ、今日、あらゆる州の学校法の中で一般的に認められている事実となっている（第1章参照）。実際に、ある初等段階の教員は、端的に次のように語っている。

　　教育の内容や成果はある程度定められていますが、どうやって教えていくかは教員の裁量です。ですから「教育上の自由」は保障されていると言えます。（…）教員もそれぞれ個性をもった人間ですから自分で判断できるということはやりがいにもつながります。[5]

「教育上の自由」という概念は、ドイツでは単に学問上の言葉にとどまらず、広く学校現場に定着した考え方となっている。実際の授業準備は、教材の作成から校外学習の折衝まで、教員が自ら行っている。しかし、学校外から講師を招聘したり、危険をともなう実験を授業内で行う場合などは、校長の許可を得なければならない。従って、校長の権限と教員の権限とは、ときに緊張関係にさえ至ることがある。学校監督庁の職員にとっても「教育上の自由」は周知の事実であるため、教員の専門的事項にかかわる領域への介入には慎重にならざるをえない。

　ところで、ドイツの教員の身分は、終身雇用の官吏であるか、あるいは契約雇用の公務被傭者である。終身雇用であっても勤務形態は多様で、フルタイム勤務なら週28コマの授業担当だが、部分勤務を選択す

ることもでき、その場合は半分（週14コマ）ないし4分の3程度に減じる教員も多くいる[6]。教員はこの中で、国家（州）の公職にあるものとして、公教育に携わる国家的責務を担うとされるが、同時に教員の教育活動に対しては専門的な自律性を確保すべく、「教育上の自由」が州法で保障されている。ドイツでは学校の役割が授業に焦点化されており、教員が部活動の顧問をしたり生徒指導の観点から校外を巡回したりすることはない（第1章参照）。

　一見すると、時間にゆとりがあるかのように思われがちだが、授業をどう行うかが広範に専門職の裁量とされていることは、教員自身の判断と責任を強くする[7]。授業のための準備や研究は欠かせない。中等教育段階になると教科担任制となるが、伝統的にひとりの教員が2教科を担当するため、2つの教科の専門的内容に応じた準備を行うことは容易ではない[8]。

　かつてドイツの教員の仕事は、「孤高の戦士」と言われるほどに個別化されていた。「PISAショック」（第1章参照）以後にそれが問題視されるようになり、今日では同僚間での協力も強調されるようになった。学級内では複数指導体制も見られるようになっている。かつては馴染みのなかった共通テストも、今日では普及するようになった。ただし、テスト結果から学校がランキング化されることはなく、授業がテスト対策化するほどの影響が見られているわけではない[9]。

4. 教育参加の制度構造

　これまで学校レベルにおける**教育参加**について述べてきたが、ドイツの**教育参加**は学校経営への参加にとどまらず、地区レベル、さらには州レベルの教育行政への参加までと、あらゆる段階に及んでいる。図6-7は、ノルトライン＝ヴェストファーレン州（以下、NRW州）で生

徒会が様々なレベルでどのように組織されているかを表したもので
ある。

　教育行政への参加についても制度化されていることが分かる。教育行
政への参加の最上位にあたる州生徒会の**代表**の一人（職業学校生徒／16
歳）は、近年テストやスタンダードが浸透しつつある政策動向に対し
て、次のように語る。

> 50歳、60歳の大人が、上から下へ学ぶことを決めるのではなく、
> 生徒自身が学びたいものを自ら考えるのが教育（Bildung）です。
> （…）将来に自分の生活に生きることを学びたいのです。（辻野
> 2018: 81）

　この意見は、昨今の教育政策を批判的にとらえたものと言える。州**生
徒代表**は、州政府の委員会等で教育政策に対する意見を述べたりもする

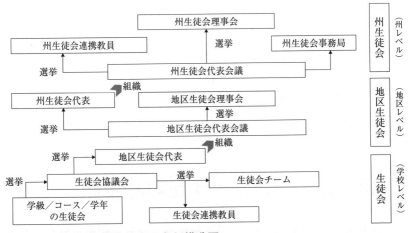

図6-7　NRW州の州生徒会の参加構造図
（NRW州生徒会の提供資料を筆者訳出）

ため、予算措置を手厚くするよう要望していることも語ってくれた。

　次に、州父母会の例を見てみよう。NS州父母会の代表は次のように語る。

　　改革が多すぎます。（…）教育の成果というものは10年、少なくとも5年くらいは過ぎないと分からないものです。今のように毎年方針が変わるのでは、混乱の方が多いのです。（辻野 2018: 81）

　かつて1970年代以降に**教育参加**が制度化されて以来、保護者と教員との間の対立が顕在化するようになったと言われていた。州父母会と州教員組合も、かつて「厳しい対立関係にある」とされていた（結城 1988: 80）。しかし今日では、近年の急激な教育政策に対しては、州父母会も州教員組合もともに批判的立場をとる等、テーマによって協力関係も生まれているようだ。一例を挙げるならば、長らく批判の強かった分岐型学校制度について、中等教育段階の学校を統合して生徒の早期選別を克服しようとする総合制学校が新設された。この新たな学校種の拡大をめぐっては、近年でも州父母会と州教員組合とは目標を共有しており、むしろ反対するのは学校レベルの父母会やギムナジウム教員連盟であるという。保護者団体や教員団体それぞれの組織内部での葛藤があるということだ（辻野 2018: 81-82）。**教育参加**において、「生徒」「教員」「保護者」と一括して語られやすいが、一口に言っても皆が同じ意見でまとまっているわけではない。

5. 学校経営体制と「管理された学校」批判

　学校の意思決定は、生徒・教員・保護者の**教育参加**を原則とし、「**学校会議**」に象徴される当事者の合意形成の原則が貫かれている。校長は

会議の議長として、多様な意見の中から合意をつくり上げなければならず、自らのビジョンやリーダーシップだけで学校を率いることはできない。保護者や生徒までもが会議に加わる**教育参加**のしくみは、ドイツにおいては歴史的にも極めて意図的に導入された経緯がある。その背景には、かつてナチス時代に独裁化した学校が、国家行政の末端機関としてイデオロギーの注入機関に化したという反省があった。学校が上意下達の組織とならず人間形成の場であるためには、そこに関わる当事者たちが自ら参加する民主的な組織でなければならないと強く認識された。

　日本の学校経営は法制上、校長に権限が集中している。学校運営協議会にその抑止機能が期待されるものの、保護者や子どもの権利に立脚した**教育参加**というべき制度とはなっていない。例えば、職員会議での挙手・採決を禁じ教員にさえ**教育参加**を許さない学校経営体制は、ドイツの歴史上ではナチズム期のみに現出した独任的学校経営モデルに近い。

　学校経営の様態は、プロイセン絶対主義の時代やワイマール民主主義期、ナチズム期などの歴史を経験してきたドイツにおいて、国家体制の民主的、共和的、官憲的、君主的といった各形態に連動・従属して構成されてきた[10]。学校の意思決定を誰がどのように行うのか、という問いは、ドイツにおいて国家・社会をいかにつくるかという問いとも連動する切実な問題なのだ。

　実は、ドイツにおいても、ナチズム期のような国家の全的な支配におかれた学校制度が、第二次世界大戦の敗戦とともにただちに克服されたわけではなかった。むしろ、戦後当初の学校経営体制は、独裁的・権威的な要素を多分に温存したものだった。この状況が「**管理された学校**」として厳しく問われることとなっていった。

　　我々の学校は、「**管理された学校**」である。その精神的基礎を啓蒙

に置いている近代の学校は、当初はまだ国家によって監督されはするものの、まだ自律的な人間が生きることができる場所であった。しかし、今やそれはますます行政ヒエラルヒーの最下層へと陥っている。学校は税務署や労働局、地方警察署といった行政機関と同様の位置に置かれ、地方自治体の自治とは明らかな対照をなしているのである。[11]

「**管理された学校**」批判は、その後、学校の自律性の強化や生徒・教員・保護者の**教育参加**の制度化、教員の「教育上の自由」の保障、といった政策へと連なっていく。特に、**教育参加**は民主主義にとって基幹的に重要であると考えられた。同時に、教員の「教育上の自由」が保障されなければ、**教育参加**や学校の自律性は迷走すると考えられていた。ある著名な学校法学者は、「**管理された学校**」を克服するためになぜ「教育上の自由」が必要であるのか、次のように説いた。

　　自由で自律的な人間を教育するはずの機関が自ら不自由であってはならない。教師は自らが自由である場合にのみ、自由というものを教育することができる。[12]

教育参加と**学校の自律性**の関係についても、両者はいわば車の両輪と考えられていた。1960年代には社会復興や経済成長を背景に、ナチスの過去をめぐる議論や国民の民主主義への要求が高まり、1970年代に入ると各州において立法化が実現していく。

6. 学校の民主主義化と法化の課題

　ドイツにおける学校の民主主義化は「法化」（Verrechtlichung）としても知られている。その背景として、「特別権力関係」と呼ばれる問題

があった。ドイツの公立学校は「権利能力のない公の施設」として教育行政のヒエラルヒーに編入されており、教員も州の公務員として公務員法上のヒエラルヒーに服している。教職の身分が「公法上の勤務・忠誠関係」をもつ官吏とされていることから、教員は「国家化」された職業としての性格をもつとされる。官吏は上司の職務命令への服従義務など諸々の義務を負っている。

19世紀末以来、教員の勤務関係や子どもの在学関係は、囚人の在監関係や軍人の在軍関係、患者の在院関係と並ぶ典型的な「特別権力関係」と捉えられていた歴史がある。特別権力関係において権力の主体（支配者）と客体（服従者）の関係（例えば学校監督庁―教員の関係や、教員―子どもの関係など）では、法律の根拠なく行政規則・命令だけで一方的な強制ができた。

このような民主主義や法治主義とは相容れない学校の特殊状況が特別権力関係の本質だったのであり、それを克服するために、学校の民主主義化と法化が進められてきたのである。**教育参加**の制度化は、そのひとつの帰結である。現代の制度が過去の歴史の背景を負っていることも忘れられてはならないだろう。

参考文献

辻野けんま（2016）「ドイツの学校は国家とどう付き合ってきたか」末松裕基編『現代の学校を読み解く―学校の現在地と教育の未来―』春風社、297〜331。

辻野けんま（2017）「ドイツの学校管理職養成」篠原清昭編『世界の学校管理職養成』ジダイ社、139〜160。

辻野けんま（2018）「学校の『専門性』をひらく――教員・保護者・子どもの合意形成によるドイツの学校経営――」『公教育の問いをひらく』デザインエッグ社、69

〜87。

結城忠（1988）『教育法制の理論——日本と西ドイツ』教育家庭新聞社。

結城忠（2019）『ドイツの学校法制と学校法学』信山社。

Becker, H.（1954）, Die verwaltete Schule: Gefahren und Möglichkeiten, in: Merkur, Deutsche Zeitschrift für europäisches Denken, Jg. 8.

Christian Nerowski（2015）, Die Grenze der Schule; Eine handlungstheoretische Präzisierung, Beltz Juventa, Wenheim und Basel.

Heckel, H./ Seipp, P.（1957）: Schulrechtskunde, Neuwied/Berlin.

Hermann Avenarius／Felix Hanschmann（2019）, Schulrecht, 9. Aufl., Carl Link.

〉〉注

1　会議の名称は州により違いもあるが、生徒・教員・保護者の参加は、あらゆる州で法定されている。

2　ここでの2人の生徒の言葉は、2015年9月10日に筆者が行った調査で得られたものである。

3　NS州では「学校会議」に相当する機関が「全校会議（Gesamtkonferenz）」と称されているが、本章では「学校会議」に表記統一する。

4　2013年10月31日に筆者が行った調査に基づく。

5　2013年2月21日のザールラント州の基礎学校での筆者インタビューより。

6　多様な勤務形態が可能であるのは、職務内容が授業に特化されており、授業外の職務が少ないためでもある。なお、2020/2021年の連邦統計局の統計によれば、一般教育学校に勤務する約70万2千人の教員のうち、部分勤務を行っている教員は約27万9千人（約40％）となっている。

7　ドイツの教員は、大学時代に2つの教科の専門養成をうけ、大学院修士課程修了後に試補教員としてさらに第2段階の養成をうける専門職である。したがって入職時には初任者とはいえ、論理的には完全専門職とみなされる。その専門性は教科に特化しているため、同じ教科を教える上でも授業は教員ごとにバラエティに富む。

8　なお、基本的には生徒が下校すれば、あとは授業の準備が主な仕事となるが、それは職員室の中ではなく自宅に持ち帰って行われている。

9　久田敏彦監修・ドイツ教授学研究会編（2019）『PISA 後のドイツにおける学力向上政策と教育方法改革』八千代出版、に詳しい。

10　Nevermann, K.（1982）, Der Schulleiter, Klett-Cotta.、S. シュトルッツ・K. ネヴァーマン著／村田貞雄訳（1998）『ドイツの学校経営―校長職の史的概観』コレール社、に詳しい。

11　Becker, H.（1954）, Die verwaltete Schule: Gefahren und Möglichkeiten, in: Merkur, Deutsche Zeitschrift für europäisches Denken, Jg. 8, S.1156.（筆者訳）

12　Heckel, H./ Seipp, P.（1957）: Schulrechtskunde, Neuwied/Berlin, S.102.（筆者訳）

学習課題

1．ドイツの学校の意思決定における生徒・教員・保護者の教育参加は、現実の学校教育にどのような違いをもたらすと考えられるか整理しなさい。

2．学校における民主主義・法治主義と社会における民主主義・法治主義の関係について、あなたの考えを整理しなさい。

7 | フランスの生徒・教員・保護者にみる特徴

園山大祐

《目標＆ポイント》　本章のねらいは、生徒・教員・保護者のそれぞれからみた学校参加のあり方について理解することにある。日本では、生徒の不登校などの学校病理、教員の労働環境問題、保護者トラブルなどが発生しているが、海外ではどうだろうか。フランスを事例に考えてみよう。
《キーワード》　学習期、修得主義、教員養成と資格、分業体制、保護者代表、社会化

はじめに

　フランスの子どもは、学校と家庭の峻別を9月1日の学年初日に体験する。3歳（と6歳）の子どもは、保育学校（と小学校）の入学日は特別に、保護者が教室まで付き添うことを認めている。両親が同伴で校長および担任と挨拶を交わし、他の保護者とも挨拶を終えると退室することを命ぜられる。当然、一部の生徒は泣き出すが、先生はお構いなしである。そこから長い一日の始まりである。初日から給食時間まで授業が行われ、給食時間に帰宅する生徒以外は、給食をとって、2時間の休憩時間に昼寝をして、午後に再度授業を受ける。朝8時から16時半までである。保育学校、小学校、中学校、高校のいずれも、入学式や始業式は、簡単な校長先生のあいさつ程度で、初日から授業が開始される。学期末にも行事はなく、卒業式も簡素なものである。
　フランスは、制服もほとんどない。一部の全寮制の私立学校にあるく

らいで珍しい。ただ、古い写真を見ると、戦後しばらくは、小学生は青いスモックを着ていたり、ジャケットを着ている様子が写っている。先生もしかりで、ほぼ男性は黒かグレーのスーツ姿であり、女性も黒のロングドレスである。現在は教員らしい服装のイメージはほぼない。日本同様に、校則は存在している。各学校の生徒会が作成していて、連絡帳（生徒手帳）に貼られているため、保護者も確認できる。基本的な規則は、遅刻、欠席等の連絡、宿題、持ち物（携帯電話・飲食）など約束事に限られたシンプルな内容である。

　部活動や修学旅行は、任意であるため、各学校の独自の取り組みであり、教員自身の自由な参加による。主な部活動としてはスポーツ、音楽、演劇、ダンス、美術などであるが、大会などはほとんどない。より一般的には地域のスポーツクラブや劇団、コーラスなどに登録する。そのほうが、その専門の資格を持った指導を受けることが可能だったり、地域および全国大会に参加できるからである。地方の中学校以上には、校内に体育館や運動場を持つことが多くなっているが、街中の学校は、基本的に教室しかないため、施設としても部活動を実施する環境に乏しいこともその一因である。任意による修学旅行は、多くの場合冬と春休みなどに実施される。冬はスキーに、春は海や山に出かけることが多い。中学生以上の場合は、外国語の教員が語学の勉強を兼ねてイギリスなどの協定校と生徒の行き来を定期的に実施している教員がいるが、いずれも一部の教員や学校のイニシアチブによるもので、日本のような特別活動の時間（ホームルーム以外）はほとんどない。

1.　生徒に応じた教育課程

（1）3歳から18歳までの教育段階と学習期

　学齢期は、保育学校年少組の3歳から高校1年生の16歳までである。

高校2年と3年生に該当する17歳と18歳になる2年間は、教育機関を退学した場合は、訓練機関に登録するか、働くことになっている。いわゆる NEET（就学・就労していない、また職業訓練も受けていない）対策がとられている。高校から分岐することになるが、普通、技術、職業高校以外の職業見習い訓練制度に参加することで、職業技能を身に着け、職業参入を目指すことになる。2016年の新学習指導要領では保育学校の3歳から5歳の3年間を初期学習期と呼んでいる。**学習期**の考え方は、生徒の学習集団編成の仕組みとして、①年齢別学級編成、②担任持ち上がり制、③一人の教員による同一学習期内の異年齢生徒の担当、④進度別グループ編成の4つがあり、各校の判断で柔軟にこれらを組み合わせることが認められる。またこの学習期内では、**原級留置（留年）**は1回限りとし、留年の再発防止策としている。生徒の**学習リズム**に応じた学びの保障を進めるために導入されている。小学校の1年から3年生を第2学習期、小学校4年から中学校1年生を第3学習期、そして中学校2年から4年生を第4学習期としていて（**表7-1**）、同じように留年を回避し、教科などの得意不得意に応じ、年齢別学級編成ばかりでなく個に応じた組み合わせを認めている。こうした**個別（差異）化教育**を1990年代以降進めてきたが、その効果は留年率の減少にみられるものの、学習効果としては必ずしも証明されていない。第2章でも述べたように、**修得主義**の国であるため、年齢と学年は一致しないこともある。

表7-1　保育学校から中学校までの4学習期と高校

3歳から5歳	6歳から8歳	9歳から11歳	12歳から14歳	15歳から17歳
第1学習期	第2学習期	第3学習期	第4学習期	学年生
保育学校	小学校 1〜3年生	小学校 4・5年生と 中学校1年生	中学校 2〜4年生	高校1〜3年生

この学習期内の学年を教科の成績に応じて入れ替えることが可能となる。例えば、第2学習期の7歳の生徒は小学校2年生に在籍しながら、算数の授業のみ3年生の学級で受けることもできる。留年および飛び級は、完全に学年を繰り上げたり、繰り下げることも可能であるが、一部の教科に限った対応も可能で、個別学習計画に応じた学びを保障している。生徒の習熟度、障害のある生徒の単元別の学びを、学習期の中で柔軟に対応できる。そのため、小学校では異年齢学級などもみられる。

（2）授業時数と学年暦

　初等教員は、週24時間の授業時数と週3時間（年108時間）のそれ以外と定められている。それ以外には、補習活動（36時間）と補習を計画する活動（24時間）、職員会議（24時間）、教育改善と継続教育（18時間）、年3回の学校評議会の準備（6時間）とされている。

　中等教員は、週18時間の授業時数となっている。2014年から**アグレジェ**（上級中等教員）も授業時数が週15時間に増やされ、徐々に**セルティフィエ**（中等一般教員）との差を縮小し、特権的な地位に変化がみられる（政令第2014-940号の2条）。それでも体育教員は、週20時間の授業と3時間のアソシエーション（NPO）での活動となっている。

　学年暦は、9月から翌年7月第1週までの35週である。7週おきに2週間未満の休みが入るかたちで3学期制となっている（**表7-2**）。第1学期は9月から12月のクリスマス休暇まで、第2学期は1月からイースター（4月ないし5月）の春休みまで、第3学期はイースター終わりから7月第1週までとなる。学期毎に成績（通知）表に点数（20点満点）とコメント欄に評価が記載される。この成績評価（通年評価）によって進級判定会議が開催され判定結果がクラス代表から各生徒に伝えられる。判定に不服がある場合は異議申し立てを行うことが可能であ

る。また毎学期末に三者面談が実施される。ここでも成績評価等について相談を行ったり、保護者の希望や教員からの要望が示される。

（3）生徒指導・進路指導にみる分業体制

　初等学校は、全教科担任制であるため、ほぼ日本と変わらない。中学校からは専科に分かれ、担任はいるが、生徒指導専門員と進路指導専門員とに区別して教科指導と生徒指導を分業している。年3回の学期終わりに開催される学級委員会で担任は、生徒代表の司会の下、学期中に困っていることや、社会見学・修学旅行など催し物の開催等について相談をする。成績と進級判定についても意見交換をする。担任は、授業における問題行動が深刻な場合は生徒指導専門員、進路については進路指導専門員に相談するよう促す。

表7-2　小・中・高校の休暇（2022年度）

	A地域	B地域	C地域
学年始	9月1日		
秋休み	10月23日から11月6日まで		
クリスマス休み	12月18日から1月2日まで		
冬休み	2月5日から19日まで	2月12日から26日まで	2月19日から3月5日まで
春休み	4月9日から23日まで	4月16日から5月1日まで	4月23日から5月8日まで
夏休み	7月9日から		

※土曜日が授業日でない地域の場合、上記の開始日が一日早くなる。
※休暇が集中しないことで観光業が分散化されるよう、全国を3つの地域に分けている。

（4）生徒会・校則・連絡帳

　例えば、中学校の管理評議会は、校長ほか計30名で構成する。教員代表、学校職員代表、父母生徒代表が参加する。2名の各クラス代表の中から、管理評議会に生徒代表を2名選出する。校則は、生徒代表によって提案された内容を管理評議会が採択する。校則は、前文、校則の目的、内容、改訂という構成となる。学校生活の規則、生徒の権利と義務、懲戒・懲戒処分の規定、表彰、学校と家庭の関係、保護者団体などについて明記されている。また、小学校から生徒と家庭の連携のために用いられる連絡帳が存在する。連絡帳には、時間割、年間日程表、校則や成績が掲載されている。

2. 教員にみる特色と課題

（1）教員養成改革の動向

　1990年まで小学校教員（instituteur）と中等教員（professeur）は別の職団として区別され、また、中等内でもセルティフィエとアグレジェとが区別、差別化された職位であった。とはいえ、1977年以降、フランスでは、学校とは、保育学校、小学校、中学校、普通・技術高校、職業高校の5つを指すことになった。初等教員は、保育学校と小学校の両方で教えることができる。中学校と普通・技術高校の技術科目（CAPLT）以外は、同一の教科毎の教員資格（CAPES）で教えることになる。職業高校は、2教科制の教員資格（CAPLP）が必要となる。また体育教員は体育大学にて免許（CAPEPS）を取得する。ジェンダー差については、1967年までは男女別に定員が設定されており、また1975年までは男女別の採用試験が実施されていたため、合格者数における操作が可能であった。それ以降はセルティフィエでは女性比率が大きく上昇し、アグレジェでは一定程度に抑制され、2つの集団の隔たりはその後も続い

ている。ただ、この60年代から90年代にかけて中等教育の拡大には、女性教員の採用による貢献が大きかった（園山2022）。

　1990年に、師範学校と大学で行われてきた初等と中等の教員養成は、教員養成大学院（IUFM）に統合することとされた。IUFMは、大学区に1校ずつ計31校（本土26校、海外県4校、海外領1校）設置される。この制度改革の目的の一つは、初等と中等の教員文化を統合すること、社会的地位を同一に（学士以上の教員《professeur》という呼称に統一）することにある。改革を受け、初等と中学校の教員志願者には、複数教科を担当することができるよう隣接分野の学習が奨励された。加えて大学は、多領域にまたがる専攻の修士課程を設置することとされた。修士課程に所属しながら、IUFMに登録することが可能となることで、より多くの志願者を募ることができるわけである。教員志願者には、心理学、社会学、哲学、経済学など教員の職務遂行に有益な科目の受講が奨励された。大学に付設することで師範学校より社会科学の科目提供が可能となる。これにより、大学学士課程（3年制）における教科の内容に係る基礎知識の習得とIUFMにおける教職に係る知識・技能の習得との間にいっそうの連続性を持たせることが実現された。

　2013年7月27日付省令にて、教職・教育高等学院（ESPE）の教職修士課程（MEEF）が制定される。大学修士課程と教職修士課程第1学年における養成内容として、学習環境に応じた教職の専門性、対暴力への予防的な学級運営、障害を始めとした多様な生徒への心構え、学習困難な生徒などへの対応が重視されている。

　教員志願者には、2015年3月31日付政令第2015-372号で次の3点が定められた。そこではまず、教育の「共通基礎知識文化技能」の内容を完全習得させること、次に倫理の原則を遵守した教育実践、特にライシテ（政教分離）、差別との闘い、男女平等の文化について注意するこ

と、さらに、横断的なテーマを深めることに注意が注がれること（市民性、文化芸術活動、環境教育、持続可能な教育、健康教育）があげられている。

　2019年7月26日付の教育基本法（法律第2019–791号）から、ESPEは国立教職・教育高等学院（INSPÉ）に名称変更がされた。新たな変更点は、修士2年目か、すでに修士号取得者が入学要件となる（職業高校の職業系担当教員以外）。これによってINSPÉ在学者は大学院生の身分のみとなり、試補教員の資格を失う。そして実習生となるには、修士号を取得していなくてはならないことになった。

　2020年7月24日付省令によれば、第1学年の実習は6週間と定められている。

　教職課程第2学年（試補研修期間）の課程編成として、INSPÉにおける授業と、観察実習と責任実習（4から6週間）からなる。また最終年度に卒業論文の執筆と審査が実施される。INSPÉの2年間の授業には、児童心理、学習困難への対応、偏見との闘い、ダイバーシティの運用、共和国の諸価値、**インクルーシブ教育**、ライシテの原則などがあげられている。これらの内容に関しては、初等と中等教員および生徒指導や国民教育心理相談員（進路指導担当）も一緒に授業を受け、教職アイデンティティの形成に役立てている。

（2）教職の現況

　まず生徒数については、1995年から、初等・中等教育ともにほぼ横ばいであり、一学年80万人である。教員は90万人である（2020年度）。退職者数は初等・中等それぞれ年間約8千人と1万人である。新規に毎年初等で1万2千人、中等で1万5千人採用している。校長は初等と中等併せて2万人である。近年の傾向として、特殊教育にかかわる教員

や、障害生徒のための支援員（AESH）、あるいは教育支援員（AE）が
増えている。加えて生徒指導や進路指導員が増えている。2020年度現
在、女性比率は、初等教員の86%、中等教員の60%、教育支援員の
81%と、女性が半数以上となっている。

（3）給与

　1982年から2018年までに給与は下がっている。この減少率は、
2000年代に顕著とされている点がマクロン政権の年金改革（2018年）
と相俟って問題とされている。中等教育のアグレジェ教員の場合で、初
任給で -9%、10年目で -22%、退職時で -24% となる。同時期の中等
教員の場合では、それぞれ -2%、-20%、-22% となっている。初等教
員の場合、1990年の IUFM 創設によって小学校教員から初等教員に格
上げされたため、給与は増えているが、それでもこの間に、それぞれ初
任給（+10%）と10年目（+1%）では上がっているが、退職時では
-8% となる。

　初等教員と職業高校の教員においては、この間の給与は上がっている
が、アグレジェ教員と中等教員では下がっている。また給与の減少は
2000年代に顕在化し、初任給を除いて、毎年約1%の割合で下がって
いる。ただし、この間に手当の支給額は増えたり、俸給表の等級の昇格
に必要な期間（上級、普通、年功）があること、あるいは特別給の上に
最恵俸給表を設けたこと、管理職手当を増やすなど、一律に下げられた
というよりは、教員間格差が拡大した。給与における男女差に注目すれ
ば、どの教育段階でも女性教員が低く、例えば公立の女性初等教員は男
性の93%、女性中等教員は96% となっている（同一俸給の場合は、同
一賃金）。

（4）人事異動

　日本のような定期的な人事異動はなく、希望すれば最初に勤務した学校でそのまま定年を迎えることもできる。もちろん異動の希望を出すことは可能であり、勤務成績、勤続年数、家庭の状況（扶養家族数、夫婦の別居）や現在のポスト、場合によっては特別な事情（病気）などが考慮され、これらがポイント制で加算され、ポイントの高い者から優遇されて人事異動のシステムに乗せられる。空きポストの状況が毎年公表され、年度末に人事同数委員会が、行政当局作成の資料を審査し、この委員会が決定提案を作成して大学区視学官や地域圏大学区総長に提出する。

　異動については、初等教員の場合は、教員養成校を卒業後に配属された県の中での異動のほかに、大学区内の他の県に異動することも行われている。中等教員の場合は、大学区内のほか海外県を含む全国異動が行われる。

（5）校長職

　校長は、基本的には、教職関係者が大原則で、民間出身の校長は稀である。教員資格の所持は必須である。初等学校長は、自己申請に基づいた適格性審査による選考が行われる。初等学校長は、形式的な職とされ、生徒の受入、保護者対応、地域との連携、出欠・給食の管理、教職員全体の会議の議長を務める。校長とはいえ、一般教員の一人であるため、勤務評定権、職員監督権を持たない。代わりに国民教育視学官が人事管理や視察、指導助言などを行う。施設整備や財政面については市町村が担当している。なお初等学校長職には、学校規模に応じて差がある。初等学校には、保育学校と小学校があるが、同じ敷地に隣接していることが多く、小規模校が多い（1校の平均生徒数は126名である）。8

学級以上の初等学校の場合、校長職に専念できるが、それ以下の場合は、週1日ないし1日半の校長職となり、学級担任もしながらとなる（パリ市は例外規定が別途ある）。これ以外に、年度末などに授業を免除されるなど特別な待遇が用意されている（2014年9月3日付通達第2014–115号）。全国の公立初等学校長のうち、授業を免除され学校の管理運営業務に専念できる人は3,631人いる。保育学校が13,399校、小学校は30,863校あるため、ごく一部であることがわかる。

　中等学校での校長の任用は、国家資格試験による。学校教育機関長（高校は地域圏、中学校は県が設置主体）として授業はもたず、管理的業務を行う国の代理人である（**表2-1**参照）。さらに、副校長が置かれている。地方教育公施設法人（EPLE）として地位を有し、国を代理する校長が指揮する「管理評議会」によって学校運営の意思決定を行う。全職員の監督、安全保障や衛生面の管理、学校秩序の管理、管理運営について大学区当局や地方公共団体に報告する。また保護者団体や学校外部との連携を担う。校長の給与は教員の約5割増となっていることや、権限と責務が明確であり、やりがいのある職とされている。2020年度の全国に公立中等学校校長および副校長は13,572人（52.3%女性）いる。うち中学校校長が6割（50%女性）、普通・技術高校校長が14%（32.8%女性）、職業高校校長が1割（41.5%女性）となっている。副校長では、それぞれ45.6%（60.4%女性）、18.2%（57.7%女性）、27.4%（62.2%女性）となっている。

　ちなみに日本の、小学校の女性校長率は1996年の10.6%から2021年の23.4%、中学校では、2.2%から8.6%、高校では、0.9%から8.3%と比較して、フランスの女性比率がいかに高いかは明らかである（『学校基本調査報告書』各年度版より）。1点だけ付け加えるとすれば、日本の場合は、小学校教員に占める女性率は62.4%、中学校でも44%、高校は

33.4％であり、女性教員率と校長率の差が大きい。女性管理職の労働環境にも大きな課題が認められる。この30年で果たして労働環境は改善されたのだろうか。教職のアイデンティティはどのように変わったのか、フランスとの比較から考える価値はありそうだ。

　フランスは、現時点において深刻な教員不足ではない。特に初等教員はほぼ常勤職のみである。しかし、教員の離職率は低いものの、決して楽観はできない。また転職経験者が初等では全体の3割を占めるなど、教職の安定は微妙なバランスの上に成り立っている。その他、教員の年齢構成比は特に公立で均衡がとれているとは言えない。2021年度の平均年齢は、初等で42.9歳、中等で44.8歳である。2010年と比べて、50歳以上の割合もほとんど変わらず、それぞれ全体の27.3％と36.1％で最大規模のままである。中等教員の場合には、高等教育やそのほかの機関への転任がみられ、私学教員の退職補充も必要なため、より多くの教員を養成するよう、教職の魅力向上が求められている（第2章 おわりに参照）。

3. 保護者代表による学校参加の仕組み

　保護者団体は、主に3つある。明らかなイデオロギーによって異なる以下の団体組織に分かれている。また私立教育関係は別組織となっている。

　1つ目は、公教育の生徒の保護者連盟（PEEP）と呼ばれるもので、1926年に設立されたもっとも古い組織で中学と高校の生徒の保護者連盟から、1966年に保育学校から大学までを対象に拡大し、今の名称に変更したものである。『保護者の声』という機関誌を発行している。政治的には左派系である。

　2つ目は、1947年に設立した公立学校の生徒の保護者会議全国連盟

（FCPE）で、元々は初等教育のみを対象としていたが、1960年代に中等教育も対象とした。二つの機関誌『保護者の会報』、『家族と学校』を発行している。19万人の会員をもつ。政治的には右派系である。

　3つ目は、1968年に設立した自立保護者団体連合（UNAAPE）である。保育学校から高校までが対象となる。機関誌『保護者のプレゼンス』を発行している。

　上記に加え、私立教育関係の保護者団体として、私立教育の生徒の保護者団体全国連合（UNAPEL）が、1930年に設立されている。2008年に私立教育の生徒の保護者団体（APEL）に名称変更している。『家族と教育』という機関誌を発行している。会員数は約99万人である。

　こうした保護者団体は、これまで公立学校における政教分離（ライシテの原則）や、宿題の禁止、学級委員会に保護者の参加を認めさせるなど、学校参加、学校経営に加わるための権利を獲得してきた歴史がある。これらの団体は、教育高等審議会など国の諮問機関に代表参加している。または、地域圏大学区や県レベルの教育委員会にも地域圏（州）知事や県知事の任命により代表参加している。より具体的には、例えば原則学区制であるが、特例措置が認められ、その審査結果への不服申し立て委員会に保護者代表の委員席が認められている。あるいは、進路指導に対して、学級委員会の決定に対して上訴委員会にも、同じように保護者代表が委員席を有することになっている。初等では学校評議会の構成委員であり、各学期に1回開催され、出席することができる（38頁参照）。中等では、管理評議会に参加できる。また懲罰委員会や学級委員会にも保護者代表委員が参加し、校内の出来事を教職員と生徒以外の第3者として監視する役割を担っている。

おわりに

　このように、フランスの学校は、生徒と保護者が学校とは一定の距離を保ちながら、必要最小限の関係性を築いている。それは成績、進級の判定に対すること、授業態度における指導等に限られる。生徒には、自立した大人への準備のため、自主的な管理能力、特に手帳に宿題や試験の日程を書かせ、それを自分で日程調整をするよう促される。保護者は手帳を確認はするが、いつ宿題をするのか、日程の管理は子どもに任せるのが良いとされている。こうした自立と自主的な学習を伴走するのが教員と保護者とされている。英米から輸入され、日本でも話題とされている「**ヘリコプター**（モンスター）**ペアレント**」の存在は無くはないが、市民権は得ていない用語である。あるいは古くは「教育ママ・教育パパ」という用語は、受験競争の過熱化と同時に日本のメディアを騒がせたが、こうした現象はバカロレアという国家試験があるにもかかわらず、フランスの教育界にはほぼみられない。これも、生徒の自立性と同時に、個別差異化教育の文化が浸透しているからだろう。留年・飛び級にみられるように、個人の能力の差異は自認されるところであり、学習リズムは自分に合ったペースが尊重される風土が学校と家庭にある。学習期をはじめとする柔軟な教育課程とその実施（裁量）が学校と教員に保障されているところが、大きな違いである。また、学校は教科活動に限定されている点も大きい。学校以外にも地域活動や家庭において子どもの**社会化**は達成され、自尊感情を高めることや、社会関係資本を形成することができる。そのために、子ども、教員、保護者にとっても多様な視点で生徒というメチエ（職）を客観的に評価することが可能となる。

参考文献

園山大祐監修（2022）『教師の社会学－フランスにみる教職の現在とジェンダー－』
　勁草書房。
服部憲児（2022）『フランスの教員養成制度と近年の改革動向』ジアース教育新社。
藤原文雄編（2018）『世界の学校と教職員の働き方』学事出版。

学習課題

1. 教員の授業時数は限られても、教科指導と生徒指導の分業体制で
あっても、教員の精神疾患率や病気休職率は他の職種と比べても低く
ない。こうした働く環境における課題が日仏に共通して見いだせるの
はなぜか、あなたの考えを整理しなさい。
2. フランスで保護者トラブルが日本ほどに、社会問題化されないのは
なぜなのか。保護者代表や生徒代表の学校への参加制度との比較で、
学校の中の問題の公開性や説明責任のあり方について、あなたの考え
を整理しなさい。

8 | アメリカの生徒・保護者・教員

髙橋哲

《**目標＆ポイント**》　本章の学習目標は、アメリカの学校教育における生徒・保護者・教員の位置づけを具体的な事例を通して学ぶことにある。生徒たちが日常の学校でどのように過ごしているのか、保護者や教員が学校運営にどのように参加しているのか、日本との違いを考えてみよう。
《**キーワード**》　人種的多様性、忠誠宣誓儀式、学校給食、保護者組織、学校参加、テニュア法、教員団体交渉

はじめに

　日本の小学校の子どもたちが、通学班を編成して学校まで通うのと異なり、アメリカにおいては、学校までの子どもの安全は親が確保するものとされている。このため、小学校の子ども達は、原則として親が学校まで子どもを帯同するか、学区教育委員会が提供するスクールバスに乗って学校にやってくる。子ども達は多く場合、リュックサックを背負って学校にやってくるが、中味はほとんど空っぽであり、せいぜい、水筒がはいっているくらいである。学校で必要な教科書、ノート、文房具などは、基本的に教室内に備えられている。新学期の開始前に、親たちには消耗品の購入リストが与えられ、リストに載った鉛筆、ノート、クレヨンから、ティシュペーパーやキッチンタオルに至るまで、多数の消耗品を購入し学校に受け渡している。しかしながら、その際、物品に子どもの名前を書く必要はない。なぜならば、一度学校に譲渡された物品は、その教室全員のものとなり、必要なときに教室内ですべての子ど

もが共有するからである。このため、日本の学校のように、クレヨンの一本一本にまで子どもの名前を書いて、各自が管理する必要もないし、重い教材を家と学校の往復で運ぶ必要もない。子ども達に必要な物品はすべて学校にあるからだ。だから子ども達は、空っぽのリュックサックで学校に登校するのである。リュックサックが必要なのは、学校から子どもが作った作品や保護者へ配付される手紙等を持ち帰るためである。

1.　学校における子どもたち

（1）ニューヨーク市ハーレム地区のある公立学校の一日

　さて、ニューヨーク市ハーレム地区に所在するある小学校の一日をみてみよう。この学校は、貧困層や有色人種が集住する地域にあり、Pre-K から 5 学年までの学級を擁し、生徒のうち白人生徒はわずか 10 ％で、黒人が 43 ％、ヒスパニックが 40 ％を占めていた。子どもたちは、朝 8 時〜8 時 10 分の間に、親の帯同のもと学校の校庭にやってくる。親、保護者は、校庭で待つ校長先生とクラスの担任教諭、あるいは、助教諭の先生達に子ども達を引き渡し、クラスごとに整列する。そして、教室への移動の前に、毎朝のように行われているのが「忠誠宣誓」（pledge of allegiance）と呼ばれる儀式である（図 8-1）。校長先生の号令のあと、子ども達は一斉に「私はアメリカ合衆国の国旗、および、それが象徴する共和国、すなわち神のもとに不可分にして万人のための自由と正義を有する一つの国家に対して忠誠を誓います」と発声する[1]。この宣誓から多くの公立学校の日課がはじまる。

　子ども達は担任教諭、あるいは助教諭に引率され、それぞれの教室に移動する。ここでは、第 3 学年の日課をみてみよう。この日の子ども達の日課は下表のようになっていた。興味深いのは子どもの到着時間がすでに 1 時間目に組み込まれている点である。1 時間目に設定されている

朝の会は、子どもの到着から朝の出席等のルーティンと、2時間目に設定される教育活動をつなぐ時間と位置づけられている。

　教室に到着した子ども達は、自分たちの荷物を教室に併設されたクローゼットにしまっていく。担任の先生は「あと3分で教室のドアを閉

図8-1　登校時の忠誠宣誓の様子（筆者撮影）

表8-1　第三学年の時間割

本日の予定（Flow of the Day）		
	8:05-8:15	登校（Arrival）
1	8:05-8:50	朝の会（Morning Meeting）
2	8:50-9:40	算数（Math）
3	8:45-10:30	国語（Reading）
4	10:35-11:20	書き方ワークショップ（Writer's Workshop）
5	11:20-12:10	体育（Physical Education）
6	12:10-1:00	給食／昼休み（Lunch/ Recess）
7	1:05-1:55	理科（Science）
	2:00-2:20	下校（Dismissal）

めます」といい、8時15分にドアを閉め、子ども達の出席確認をする。その後、子ども達を廊下に並ばせてトイレにいく。トイレの入口で先生が先導し、前の子どもが終わると次の子どもがトイレに入り、改めて整列して教室に戻る。すると、2時間目に設定されている算数の授業が始まった。担任教員は、**図8-2**のように、子ども達を教室前方のカーペットに座らせて手持ちのホワイトボードで算数の問題と解答方法を示している。全体指導を行うときは、子どもが集中できるように、前方に集合することが多い。その後、子ども達はワークシートを各自の席に戻って行う。この教室の子ども達の座席は、日本でいうグループ活動の席のように4〜5人の子どもが互いに向き合うように常時設置されている。それゆえ、授業中は常に子ども同士で教え合ったり、相談し合うことが自然とされている。

図8-2　教室で学ぶ子どもたち（筆者撮影）

　3時間目の国語（リーディング）の授業では、子どもが教室後方の本棚から好きな本を取り出して、自由に読み進める。必ずしも自分の席で読む必要はなく、本棚周辺に敷かれたカーペットで寝転がりながら読む子どももいる。4時間目の書き方ワークショップでは、日本でいう4コマ漫画のようなストーリーを絵と短文で表現することが課題とされていた。子ども達はグループごとに作業を行い。お互いの絵や描かれたストーリーを見合って笑いながら進めている。この作業は時間いっぱいゆっくりと進んでいく。早く書き終わった子どもはもう1枚のストーリーをつくり、じっくり書く子は時間いっぱい入念に仕上げる。課題を早く提出することをせかされたり、子ども同士で話すことを注意されることもない。

　4時間目は、体育の授業のため、子ども達は教室に整列して体育館に移動する。だが、体育着などには着替えず、学校に来たときの服装のまま体育の授業をうける。体育館には、体育専科の教員とアシスタントの教員が子ども達を迎える。この日の体育は6つのコーナーに分かれて異なるアクティビティをグループごとに行い、コーナーをローテーションする。この日の各コーナーは、①バスケットボール、②ヨガ、③テニス、④ラダー・ラン、⑤フラフープ、⑥バランスの活動に分けられていた。子ども達が、遊びながらいくつもの身体運動をこなすための工夫が行われている。

　体育の時間が終わったあと、6時間目は給食の時間とされている。子ども達は、学校の地下にあるカフェテリアに異動する。子ども達は、助教諭に引率されてカフェテリアに向かい、この間、担任教員は子ども達から解放されて、50分間の自由休憩時間を与えられる。カフェテリアでは子どもたちが一列に並んで、スタッフから昼食を受け取る。この日のメニューは、ピラフにミートソース、そしてスウィートポテトだった

（**図8-3**）。この他に、フルーツや牛乳などは自分で選択できる。また、家からもってきた炭酸ジュースを飲む子もいる。子どもたちは和気藹々としながら昼食を楽しんでいるが、配膳を含めて15分ほど経つと、昼食時間が終了する。カフェテリアは学校内のすべての学級が順番に使うため、一学級の使える時間はとても短い。

　なお、アメリカの給食提供は、連邦政府の事業として行われており、連邦政府の指定する貧困線の130％未満の家庭の子ども達は、給食が無償で提供される。また、貧困線の130％～185％未満の家庭の子どもたちも、給食費が減額されて提供されている。2018-19年度の統計にみると、全米で52.3％の子ども達が無償、あるいは減額された学校給食の対象となっており（NCES 2021: Table 204.10.）、日本に比べ補助対象が広い点に特徴がある。

　カフェテリアを出ると子ども達は校庭で休み時間を与えられ、それぞれ遊具などで遊んでいる。昼休みが終わると助教諭が子ども達を並ばせ

図8-3　この日に提供された給食の基本メニュー（筆者撮影）

て全員がいるかを確認してから、教室に移動する。

　教室に移動すると7時間目の理科の授業がはじまる。この日の授業の
課題は、固体、液体、気体の特徴を調べて、それぞれを収納しやすい入
れ物とその理由を示すことであった。子ども達はグループごとに模造紙
大のポスターを与えられ、この題材について発表ポスターを作成する。
授業の終わりにはまた子ども達が教室前方のカーペットに座り、各班の
発表を聞く。子ども達は自分たちの考えた答えをそれぞれ率直に発表し
ている。

　理科の授業が終わると下校の時間となった。子ども達はクローゼット
から自分たちの荷物を取り出し、教室に並ぶ。帰りは担任教員が子ども
達を引率して、校庭に向かい、親が迎えに来るのを待つ。こうして学校
での子ども達の一日が終了した。

図8-4　カフェテリアでの昼食の様子（筆者撮影）

(2) 学校の教科書、教育課程

　上記にみてきたような小学校の一日は、大都市であるニューヨーク市の公立学校の事例ではあるが、アメリカではありふれた風景であるといえる。学校の教育課程や授業時数については、それぞれの州、学区によって違いがあり、また教員に多くの裁量が与えられているものの、多くの地域で以下のような共通点をみることができる。

　年間授業日数、授業時間数については、多くの場合、最低基準が州法によって定められており、大多数の州では 180 日間を最低授業日数とし、1080 時間を年間授業時数としている（Education Commission of the States 2014: 1）。年間授業時数については、学年ごとに 1 日あたりの授業時間を制限する州もあり、ニューヨーク州では K（幼稚園）から 6 学年が 5 時間まで、7 から 12 学年が 5.5 時間までと定められている。

　学校で使用する教科書については、多くの州では、州教育委員会、あるいは、特別に設置された州教科書委員会が使用可能な教科書リストを作成し、学区教育委員会がリストの中から、各教科の教科書を採択することが一般的となっている。教科書の使用方法については、学校ごとに異なり、教員の裁量に委ねられる幅が相当に広い。実際に、小学校では学区から提供された教科書をほとんど使用せずに授業が行われることも少なくない。

　教育課程の内容については、各学区、学校の裁量に任せられる範囲が広いものの、第 3 章でみたように、2000 年代の連邦教育政策、特に NCLB 法の制定により、州学力スタンダードの設定と、その到達度を測定するための学力テストが義務づけられるなかで、各学校の教育課程の内容を州のスタンダードが規定する力が強くなっている（Spring 2018: 488）。また、NCLB 法以降、毎年の州統一学力テストの実施を義務づけられているのが国語（リーディング）と数学であるため、学校の教育課

程がこの二つの教科に集中され、社会科や芸術系科目などが軽んじられる傾向にあることが指摘されている。

　子どもの進級に関しては、原則として各学校の校長が子どもの修得度合いを勘案して決定し、翌年度の学習に準備ができていないと判断される場合は、当該学年に留め置くという留年の可能性がある。例えばニューヨーク市学区では、Kから8学年までは、各学校の校長が、特に数学と国語の修得度合いを勘案して、次年度に一学年昇級する準備ができているかを判断する。なかでも、第8学年の終わりには、国語、数学、社会、理科の各教科において、十分な習得がなされているかを校長が決定する。留年が決定された場合、校長は親に告知し、親が不服を有する場合は、教育長に不服を申し立てることができる。また、義務教育段階である高校の卒業に関しては、高校卒業相当の学力を証明する「ディプロマ」取得の要件が州レベルで定められている。ニューヨーク州では一般的なディプロマの取得にあたり、高校での所定単位を44単位取得した上で、国語、数学、社会、理科、及び、その他州に設定された試験を受験し、それぞれ65点以上となることが求められている。また、全米的には、通常以上の学力を有する子どもを対象とする「才能教育プログラム」（Gifted and Talented Program：GATプログラム）が多くの公立学校で提供されており、対象となる子どもには、早期の進級、進学が認められている。

2. 学校における親・保護者の役割

　アメリカの公立学校において、親・保護者の役割は極めて大きい。ニューヨーク市において保護者組織は、学校の外にある社会教育団体ではなく、学校運営の正式な機関と位置づけられている。親・保護者の学校運営への正式な参加ルートの一つとなっているのが、**PA**（Parent

Association) である。日本の保護者組織がPTAとして「T＝教師」を
組織に加えているに対して、アメリカの学校では多くの場合、親・保護
者の独立機関として**PA**が組織化されている。ニューヨーク市では、教
育長規則（Regulation of Chancellor A‑660）により学校内の必置機関
とされている。**PA**に教師を加えてPTAとすることもできるが、その
場合は、保護者の投票によって決定される必要があり、また校長、副校
長などの管理職はPTAに入ることができず、一般の教職員もPTAの
役員となることは禁止されている。

　ニューヨーク市の**PA**には、会長、会計係、記録係を必ず選出すると
されており、このメンバーが役員会を構成し、**PA**を運営していく。
PAは、学期中の9月〜5月まで毎月例会が開催される。**PA**の主たる
役割は、校長と学校運営に関する協議を行うことであり、そのために学
校運営に関する必要な情報を校長に求める権利を有している。これを中
心的な活動としながら、毎月行われる例会では親・保護者たちが子ども
の教育活動や、学校施設に対する懸念を共有し、これをもとに役員会が
校長との協議を行う。

　具体的には、出入口のアラームの誤報が多いことや、水泳のあとに子
ども達が利用するシャワーの温度が低いことへの改善を要求するなどの
課題から、州統一学力テストへの準備教育中心の教育活動を子どもの遊
びを中心とする教育活動に転換して欲しいなど学校の教育課程そのもの
にせまる課題まで、**PA**で自由闊達に議論が行われ、校長に要望が届け
られる。いわば、**PA**は学校運営における親・保護者の意思を集約し、
学校に伝える役割を与えられている。

　さらに**PA**の活動において重要なのが、学校への支援活動である。先
にみた公立小学校の**PA**では、学校に図書室がなかったため、子どもた
ちが本に触れる機会をどのようにつくれるかが課題としてあげられた。

このなかで、**PA** の活動として行われたのが、廊下に本棚を設置し、子ども達が座って本を読めるようなコーナーを作るという提案であった。この提案をもとに **PA** では、保護者が手作りで本棚を作成し、寄付による本を集めて**図8-5**のようなブックコーナーが学校の廊下に設置されることとなった。

　また、**PA** の重要な役割となっているのが、学校への寄付活動である。学校への寄付にあたっては、校長室に設置された寄付ポストに直接現金や小切手を投函することを求めることもあるが、多くの場合、**PA** 主催のイベントを開催し、ここで得られた収益を学校に寄付することが多い。例えば、**PA** の呼びかけで保護者が手作りのクッキーを持ち寄り、学校で販売したり、あるいは夏休みに入る前の一大イベントとして、スプリングフェスティバルを開催し、子ども達が楽しめるバルーンアートやボーリング、的当てゲームなどを提供する傍ら、**PA** の保護者達がバーベキューでハンバーガーなどを販売し、この収益を学校に寄付するなどの活動が行われている。このため、学校の運営において保護者の寄

図8-5　保護者の手づくりによって設置された本棚（筆者撮影）

付は重要な予算となっており、学校の施設設備等にあてられたり、人件費に利用されることもある。当然にして富裕な学区においては多額の寄付金が集められ、**PA** の活動も盛んなため、寄付を募るためのイベント等も盛んに行われる。このため、**PA** の活動は、学校の質を規定しうる重要な要素となっている（鈴木 2016: 54-55）。このように、親・保護者によって組織される **PA** は、形式的にも実質的にも学校の重要な機関と位置づけられている。

　さらに、ニューヨーク市において親・保護者の役割を実質化させているのが、SLT（school leadership team）と呼ばれる学校委員会の役割であり、教育長規則によってその組織と役割が定められている（Regulation of Chancellor A-655）。SLT は最低 10 名、最高 17 名によって組織され、必ずメンバーとなるのが校長、**PA** の会長、そして教員組合の学校内代表である。この他のメンバーは、保護者メンバーと教職員メンバーを同数で組織することとされており、それぞれのグループで選挙によって選出するものとされている。SLT の最大の役割は、校長が策定する学校予算をもとにして、年間教育計画（comprehensive educational plan）を校長とともに策定することにある。この年間教育計画は SLT 内の合意のもとに策定することが前提とされているが、合意に至らなかった場合には、教育長等による仲裁を受ける事ができる。また、校長が策定する学校予算に SLT が不服であった場合は、やはり教育長に不服を申し立てることができる。このように親・保護者は学校予算や年間教育計画という学校運営の根幹に参加するルートが確保されている。

　アメリカにおいて、学校への親・保護者への参加の程度やこれを担保する仕組みは学区、学校ごとに異なるが、**PA** を設置し、保護者参加のルートをつくることについては多くの学区で共通している。さらにシカ

ゴ市学区のように、公立学校に保護者代表、地域住民代表、教員代表、校長で組織される学校審議会（school council）を設置し、この機関に学校予算、学校改善計画の承認権に加え、新校長の選考権を付与するよりラディカルな仕組みをとる地域もある（坪井 2016、4 頁）。

3. アメリカの教員

（1）教員となるためのしくみ

　アメリカにおける教員養成や教員免許のしくみもまた、基本的に州ごとに形成されており、連邦政府が定める教員養成基準や全米共通の教員免許は存在しない。大学における教員養成を基本とする点は日本と共通しているが、アメリカの大学では学部ごとの選抜が行われず、大学で一括した入学者選抜が行われるため、1-2 年次にリベラルアーツを中心とする一般教育を受けた上で、3 年次より専攻を決定し教員養成プログラムを開始するのが一般的なルートとなっている。アメリカの大学では、卒業要件として主専攻（major）と副専攻（minor）を選択することが要件とされているが、その専攻の一つして教員養成プログラムを選択することになる。例えば、中等学校教員の志望者は、主専攻として希望する教科に関する学問領域（歴史、文学、数学など）を履修した上で、副専攻として教職関連科目を選択する。また、初等学校教員の場合は、主専攻として初等教育科目（教育原理や発達心理学など）を選択し、副専攻で教職関連科目を選択する。また、米国の教員養成プログラムにおいては、教育実習（student teaching）が極めて重要な位置を占めており、通常、12〜15 週間にわたる長期間の実習が共通して義務づけられている（佐久間 2002: 7）。

　教員免許の付与にあたっては、元来、高等教育機関の卒業生に無条件に教員免許を授与する州がほとんどであったが、20 世紀初頭以降、州

法上に免許取得に必要な教職関連科目や単位数等を定めることが一般的
となった。また、1950年代には、教員養成プログラムの質保証が問わ
れるなか、州政府による「認定」とは別に、民間専門機関による「認証
評価」を導入する試みがなされている。現在、この教員養成プログラム
の認証評価を主に担っているのが教員養成認証協議会（Council for the
Accreditation of Educator Preparation）であり、同協議会が定める認
証評価基準を、各州の「認定」基準として採用する州も多く存在してい
る（佐藤2012: 226）。また、1990年代以降には、ほぼすべての州におい
て、大学での取得単位とは別に、担当教科の基本知識を保証するため、
民間企業が提供する教員試験を課している。連邦政府が直接的に教員養
成や免許に権限を有しない米国においては、分権体制を維持しながら
も、その質保証のための全米共通基準が常に追究されてきたといえる。

　他方で、近年、連邦政府が主導しているのが、教員養成プログラムを
経ないで教職に就くための代替ルート（alternative route）の拡大であ
る。その代表例といえるのがTeach for America（TFA）と呼ばれる
教員養成プログラムである。TFAは、米国内の一流大学卒業生を、教
員免許の有無に関わらず、約5週間の夏季プログラムを経ることによ
り、教育困難地域に教員として派遣する。恒常的な教員不足に悩む教育
困難地域が多数存在するなかで、この代替ルートを歓迎する向きもあ
る。しかしながら、多くの場合、TFAによって派遣された教員は新た
な職に就くためのキャリアとして教職に就き、2年間の在任義務終了後
に教職を去ることから、入れ替わりが激しく「回転ドア（revolving
door）」と揶揄されている。

（2）法的地位─身分保障と労働条件─
　教員の身分保障や労働条件に関する基本法制も州ごとに形成されてき

たが、以下の二つの法制度が共通して重要な役割を果たしている。第一に、教員の身分保障を定めるテニュア法である。各州法として制定されたテニュア法により、新任教員は平均3～4年の試用期間の終了後、テニュアを付与される。高等教育機関における終身雇用権を意味するテニュアとは異なり、初等中等教員においては、その解雇にあたりデュー・プロセス（適正手続き）を付与されることを意味している。デュー・プロセスの内容は各州法によって異なるが、一般的に、テニュアを取得した教員は、法に定められた「正当事由（just cause）」によってのみ解雇されるうる存在となり、その解雇にあたっては適時告示、事案の特定、聴聞の機会が与えられる。また、これらの手続きを経た結果として解雇が決定された場合も、裁判所に審査を求める権利が認められており、分厚い身分保障のしくみが形成されている。

　第二に、米国における教員の労働条件を決定する重要な州法が、公立学校教員を対象とする労使関係法である。公立学校教員を対象とする労使関係法は、1960年代～70年代における「教員戦闘化」とも称される**教員組合**の運動のもとで各州に立法化された。2021年現在、全米50州のうち、教員の団体交渉を法定する州が35州あり、他方、団体交渉を禁じている州は7州に過ぎない。団体交渉が法定されていない州においても、各学区の任意による**教員組合**との交渉が行われており、全米に共通した労働条件決定のしくみとして定着してきた。これにより、教員の給与、その他の労働条件は、多くの場合、学区教育委員会と当該地域の**教員組合**との団体交渉によって決定されており、そこで定められた団体交渉協約が、当該学区の教員の法的地位の決定に極めて大きな役割を果たしてきた。また、この団体交渉制度の発展にともない、**教員組合**は、「労働条件」の内容として、労働時間や研修、教員評価、学級規模など、あらゆる政策事項を団体交渉協約に定めることで、学区内の教育政策に

関与してきたのである。

　ニューヨーク市学区においては教員人事のルールもまた団体交渉協約によって以下のように定められている。校長は、自身の学校の教員ポストに空きが出た場合、校長自らが空きポストの教員募集（公募）を行う。この公募ポストに対して、新任教員、あるいは、異動希望教員がエントリーする。このため、日本と異なり、ニューヨーク市学区においては、強制異動は基本存在せず、教員は自主的に異動を行わない限り、原則として採用された学校に雇用されつづけ、そのまま退職を迎えることが少なくない。

　このポストに応募が複数名あった場合は、校長を含めた管理職と所属教員によって構成される学校人事委員会を設置し、この委員会が面接等の選考を行い、最終的な採用者を校長が決定するという手続きがとられる。また、空きポストの採用だけではなく、学校間の人事交流を目的として、校長間の合意により、原則1年間の自主的交流人事が認められるなど、強制異動が原則として認められないなかでの人事の活性化も試みられている。

おわりに―当事者参加の学校統治―

　以上みてきたように、アメリカの学校においては、日本の学校風景とは異なるユニークな教育活動が教室で繰りひろげられており、そこには授業の内容、方法において各教室の教員に大幅な裁量が与えられている。また、小学校の教室内で行われる教育活動は、担任教員が中心となりつつも、必ずアシスタントが配置され、複数の大人が子どもの対応にあたっている。

　さらにアメリカにおいて特徴的なのは、親・保護者と教職員という当事者が直接的に学校運営に参加するしくみが整えられている点である。

親・保護者組織である**PA**は、学校運営の重要組織と位置づけられるばかりでなく、学校の予算を支える実質的な役割を果たしている。さらに、SLTの設置にもみられるように、親・保護者代表と教職員代表がともに対等に協議して学校の年間教育計画を策定するという「**共同統治**」のしくみがつくられている（坪井2016: 1）。教員の人事に関してもそのルールが**教員組合**との団体交渉協約によって定められているように、当事者参加のもとで地域の教育政策が策定されている。

　アメリカの学校の特徴は、その教室内の授業風景だけではなく、その授業を成り立たせる学校運営、教育行政のあり方にもある。この点が、文科省―教育委員会―学校という上意下達のしくみが色濃く残り、紋切り型の学校運営を行う日本との大きな違いを示している。

参考文献

Education Commission of the States, (2014) *Number of Instructional Days/Hours in the School Year.*

NCES, U.S. Department of Education, (2021) *Digest of Education Statistics 2019, 55th Edition.*

佐久間亜紀（2002）「アメリカの教師養成制度の現状と問題点―日米比較の観点から―」東京学芸大学教員養成カリキュラム開発研究センター研究年報1号、7-29。

佐藤仁（2012）『現代米国における教員養成評価制度の研究―アクレディテーションの展開過程―』多賀出版。

鈴木大裕（2016）『崩壊するアメリカの公教育―日本への警告―』岩波書店。

二宮皓（1996）『世界の学校―比較教育文化論の視点にたって―』福村出版。

坪井由実（2016）「公教育における『共同統治（shared governance）』概念の検討」愛知県立大学教育福祉学部紀要64号、1-13。

》 注

1 忠誠宣誓儀式の和訳は、二宮（1996: 136）を参照した。なお、この儀式の公立学校での実施は、個人の価値との衝突の契機をもつものとして、裁判上も争われる論争的主題となってきた。

学習課題

1．アメリカの学校と異なり、日本では学校で必要な教材を親・保護者が購入し、子どもがそれを所有、管理することが求められている。このような教材の購入、管理を求めることが、学校内の社会的弱者にもたらす影響について、あなたの考えを整理しなさい。

2．アメリカの学校では、親・保護者や教職員が学校運営に実質的に関わる制度的しくみが整えられている。教育委員会や校長のトップダウンによって行われる傾向にある日本の学校運営との違いとその問題点について、あなたの考えを整理しなさい。

9 | ブラジルの生徒・教員・保護者

二井紀美子

《**目標＆ポイント**》 ブラジルの学校のしくみや学校での過ごし方、教員体制や権利、保護者の参加について学び、ブラジルの教育実態を理解する。さらに、教育分野のデジタル化の一例として学校選択について学び、可能性と限界について考察する。
《**キーワード**》 半日制学校、全国共通基礎カリキュラム、登下校、教員養成、学校評議会、学校選択

はじめに

　2000 年代に経済的発展を遂げたブラジルは、社会の格差を解消するために、公共部門のデジタル化を早い時期から進めてきた。その一例が、選挙の電子投票である。ブラジルでは、18 歳から 70 歳までの識字者には選挙での投票の義務がある。無断で投票を棄権すると罰金が科されるほか、パスポートの取得が出来ないなど様々な不利益がある。ブラジルでは電子投票が 1996 年に一部地域で導入されたのち、2000 年からは全国で採用されている。電気の通っていないアマゾン奥地の先住民の村まで船やヘリで電子投票機器を運ぶ様子は選挙の時期になるとニュースでもおなじみだ。そして、コロナ 2019 の感染拡大をきっかけにブラジル社会のデジタル化は一段と進んだ。ブラジル経済省は 2022 年までには連邦政府の提供する公共サービスの 100 ％デジタル化を目指している。世界銀行が 2022 年に発表した公共サービスのデジタル化の段階を

示す GovTech 成熟度指標では、198 か国・地域のうち、ブラジルは世界で2番目に進んだ国（日本は 58 位）と評価されるほど、ブラジルの公共サービスのデジタル化の進みは早い。

　教育分野もまた、急激なデジタル化時代を迎えている。本章では、ブラジルの学校生活や教員、保護者の参加について概観したのち、教育分野のデジタル化の一例として**学校選択**について説明する。

1.　学校生活

（1）授業日数と学年暦

　国家教育指針基本法（LDB）で、幼稚園、小学校、中学校、高校は、少なくとも年間 200 日の授業日を2学期に分けることや、年間授業時間は中学校以下で合計 800 時間以上、高校では 1000 時間以上の授業を行うことが規定されている。実際には年間 1200 時間など、規定授業時間数以上の授業を行っている学校も珍しくない。特に中等教育改革により 2022 年の新入生から始まった「新しい高校」制度では、最終的に年間 1400 時間の授業時間を必要とすると見込まれている。法律で定められた 800 時間または 1000 時間以上が順守されている限り、市や州の教育局が、地域の実情に合わせて、2学期を4学期制にすることや、授業開始日を自由に設定することが認められている。例として、サンパウロ市立学校の 2023 年度の学年暦と授業日数を見てみよう（**表9-1**）。サンパウロ市立の学校であれば、幼稚園、小学校、中学校、高校まで、同じ学年暦となる。学年の始まりは、2023 年2月6日である。幼稚園は2学期制、小学校、中学校、高校は、4学期制授業と違いはあるが、授業日は原則として同じである。第2四半期と第3四半期の間に中間休みがある。授業日数は一律 208 日だが、授業時間数は小学校・中学校 800 時間、高校で 1350 時間となっている。

　通常、中間休みや年末・年始の長期休暇の間は、学校からの宿題はない。ブラジルの公立高校には入学試験がなく、受験勉強に追われることはないので、特に中学校までの子どもたちは、長期休みは勉強から離れて自由な時間を過ごす。しかし、家庭によっては、十分な食事や遊ぶ機会を得られない子どもたちもいる。そこで、州や市によっては、休暇中の子どもたちのための事業を行っている[1]。

　長期休暇には、**留年**の危機を救うための取り組みも実施されている。ブラジルでは、LDBで、学校での欠席の制限は1年間あたりの総授業時間数の25％までと決められている。総授業時間数が800時間ならば、その25％の200時間以上を欠席すると進級できない。さらに、小学校3年生以上であれば成績不良で進級できないこともある。そこで、総授業時間数の25％以上を欠席した生徒や成績不良であった生徒を進級できるようにするための集中補習が一般的に長期休暇中に実施されている。

　ここで、不登校への対応についても触れておきたい。総授業時間数の25％以上を欠席して進級資格を失ってしまう生徒を減らすために、2019年には新たな法律で、総授業時間数の欠席制限上限の30％を超え

表9-1　サンパウロ市立学校2023年学年暦

学校休暇	1月1日から31日まで
学年始	2月6日
1学期　第1四半期	2月6日から4月28日まで（56日間）
第2四半期	5月2日から7月7日まで（48日間）
中間休み	7月10日から7月21日まで
2学期　第3四半期	7月24日から9月29日まで（49日間）
第4四半期	10月2日から12月21日まで（55日間）
年末休み	12月22日から12月31日まで

て生徒が欠席した場合、学校は後見委員会に即時通知する義務を負うこととなった。つまり、総授業時間数800時間ならば、欠席制限上限の200時間の30％、すなわち60時間以上欠席した場合、学校が後見委員会に通知し、後見委員会が欠席の理由などの調査に入ることになる。後見委員会とは、1990年に制定された児童青少年憲章の規定に従い創設された子どもの権利を守るための公的機関で、3年任期で地域コミュニティによって選ばれた5名以上の委員で構成されている。学校から欠席時間数の基準を超過した生徒の連絡が入ると、後見委員会は、その生徒の家庭の状況を確認し、正当な理由なく学齢期の子どもを学校に行かせていない場合は虐待事例として介入することとなる。また、不適応などを理由に学校を転校することは、他校に空きがあれば可能となっている（転校などの**学校選択**については本章第3節で説明する）。

（2）授業体制と時間割

　基盤教育の学校は、伝統的に**半日制**学校が主流である。しかし近年では、学校に7時間以上滞在し教育活動に参加することが、子どもの発達を促進させるという観点から、国は全日制学校を推奨するようになった。2021年度の全日制の割合は、小学校8.5％、中学校9.2％、高校16.4％となっている。ただし、州によって、全日制学校の導入度合いも大きく異なる。公立小・中学校の全日制学校の割合を州ごとにみると、0.2％（ロライマ州）から33.2％（セアラ州）と大きな差が見られる。公立高校になると、3.6％（パラナ州）から58.5％（ペルナンブコ州）とさらに差が開く。全日制高校については、国が推進する中等教育改革の要なので、今後さらなる増加が見込まれる。

　半日制学校では、一般に、午前クラスは7時から12時、午後クラスは13時から18時が多い。さらに、日中は学齢児の普通教育の教室とし

て使われている学校が、夜間に青年・成人教育や高校の教室として使われることもよく見られる。その場合、青年・成人教育の夜間開講クラスは19時前後から始まり、22時半から23時といった夜遅くまで開かれている。授業は一コマ45分から50分のところが多い。全日制の場合、半日制の学校に比べ、授業時間数も多い。サンパウロ州の公立中学校の例では、朝7時30分から16時30分まで授業となっている。

　では、具体的な時間割を見てみよう。表9-2は、サンパウロ州サンパウロ市立中学校のある8年生（日本の中学2年生相当）の午後クラスの時間割である。

　ブラジルの授業科目は、幼稚園から高校まで必ず取り組まねばならない基本的な学習内容を定めた全国共通基礎カリキュラム（BNCC）に基づいている。BNCCで定められている小学校の授業科目は、ポルトガル語、算数、理科、歴史、地理、芸術、体育、宗教教育である。ただし、宗教教育は選択科目であり、生徒は必ずしも受講しなくてもよい。小学校は、クラス担任制であり、一人の教員がポルトガル語、算数、理科、歴史、地理を教えるが、芸術と体育、宗教教育は教科専門教員がそ

表9-2　サンパウロ州サンパウロ市立中学校8年生午後の部の時間割（2022年）

	月	火	水	木	金
1限12：45〜13：30	体育	理科	歴史	ポルトガル語	ポルトガル語
2限13：30〜14：15	ポルトガル語	理科	歴史	体育	ポルトガル語
3限14：15〜15：00	PV	ポルトガル語	数学	地理	地理
4限15：00〜15：45	歴史	英語	芸術	PV	地理
休憩（20分）					
5限16：05〜16：50	理科	歴史	ICT	数学	数学
6限16：50〜17：35	選択研究	ポルトガル語	英語	数学	数学
7限17：35〜18：10	選択研究	数学	理科	地理	芸術

れぞれ担当する。

　中学校と高校は教科担任制である。中学校の科目は、小学校の科目に英語が加わる。高校の科目は、ポルトガル語、英語、体育、芸術、数学、生物、物理、化学、哲学、社会学、地理、歴史である[2]。これらの科目のほかに、地域や学校によって、スペイン語や選択科目などの授業がある。**表9-2**の学校では、教員がそれぞれ自由にテーマを設定した「選択研究」で弦楽器文化、コミックとマンガの美術史、ミツバチの保護活動、スペイン語の旅、数学チャレンジなどのテーマ学習が行われていた。**表9-2**にある「PV（projeto de vida）」は直訳すると「ライフ・プロジェクト」という科目である。BNCC で求められている「学生のニーズ、可能性、興味、および現代社会の課題に合わせた学習」の構築に応える科目で、中等教育改革によりすべての高校での実施が義務付けられ、基礎教育段階にも導入されている。生徒の、ありのままの自分と、なりたい自分との間に架け橋を作ることが目指されており、日本の道徳教育やキャリア教育などと重なる部分が多くみられる。

（3）学校生活

　ブラジルの学校には、入学式はない。新年度の授業が始まる前に、教材キットが配布される州や市が多い。教材キットの内容は、地域や学年によって異なるが、例えば、ノート、サインペン、ボールペン、鉛筆、クレヨン、色鉛筆、消しゴム、鉛筆削り、のり、定規、三角定規、分度器、ハサミなどが入っている。

　制服は、市章や州章入りのTシャツが一般的だ。教材キットと同時に、制服Tシャツが2枚ほど配られるところが多い。そのほか、短パン、長袖の制服Tシャツなども配られる地域もあるが、全く配られない地域もある。公立学校の場合、必ずしも制服Tシャツの着用義務は

ない。

　学校の登下校の手段は、生徒の年齢によって認められる範囲は異なるが、徒歩や自転車、自家用車での送迎、スクールバスなどである。保護者は学校にどのような方法で通学するのか申告する。家から最も近い学校が2キロ以上離れている場合、スクールバスを必ず無料で利用できる。有料で民間のスクールバス業者と保護者が契約を結ぶこともよく見られる。スクールバスは、黄色の地色にスクールバスを表す「ESCOLAR」の文字が必ず書かれていなければならないという決まりがあるので、ひと目でわかる。ただ、学校の登下校には危険が潜んでいる。2019年の全国学校保健調査（PeNSE）では、調査前の30日間に学校の登下校が安全ではないために登校しなかったことのある9年生（日本の中学3年生相当）が12.3％存在し、特に女子生徒（13.9％）、公立学校の生徒（14.6％）で高いことがわかった（IBGE 2022:127-130）。また、13歳から17歳を対象とした同一の設問では、平均16.6％が登校せず、特に黒人生徒の19.8％が登校しなかった経験を持っていた。通学中に銃撃の流れ弾で死亡した生徒の事例や、座席数48席のところ150人の生徒を詰め込んだスクールバスの運行事例などの報道もある。学校までの通学路の安全性の確保が急務となっている。

　次に学校に着いた後の過ごし方について説明しよう。サンパウロ州内陸部にあるサンカルロス市立小学校の例を紹介したい。学校の校門には守衛がおり、保護者であっても守衛に無断で立ち入ることはできない。学校では週に一度、国歌斉唱と国旗掲揚を行う。まず国歌を歌い、次に市歌を歌う。独立記念日（9月7日）の週には、独立賛歌も歌う。曜日は各校の都合に合わせるが、通常は月曜日か金曜日に歌う学校が多い。午前のクラスの生徒が国旗掲揚と国歌斉唱を1限の授業の最初に行い、午後のクラスの生徒が最後の授業の終わりに国歌を歌い、国旗を降ろ

す。ちなみに多くの学校には校歌はない。

　学校内に軽食を販売する売店はサンカルロス市立学校にはないが、軽食と給食が無料で提供されている。軽食や給食を食べるのは教室ではなく食堂なので、教員は生徒たちを食堂まで連れていき、給食補助の職員（給食補助員）に引き渡す。生徒たちが食堂にいる間、教員は職員室や教室に戻って食事や仕事をする。かつては、給食を教員も生徒たちと一緒に食べることもあったが、今では禁止されている（教員には別途食費が支給されているため）。食堂では、生徒たちの世話を給食補助員が行う。給食補助員は高卒以上であれば特別な資格を必要とせずに就ける仕事であるが、大卒者であっても専門の仕事に就けないため給食補助員をしている例も珍しくない。ブラジルでも、公共部門の外部委託が進んでおり、調理員や給食補助員、守衛、清掃員も今では公務員ではなく、外部委託されている。軽食は、「ミルク入りコーヒー、ビスケット、バナナ」、「はちみつと牛乳入りのコーンフレークとみかん」、「ココアとリンゴ」のように、果物と飲み物で、給食は「プレーンオムレツ、レンズ豆の煮もの、ご飯」、「パスタ入り野菜と大豆のスープとパン」、「ポークソテー、トマトサラダ、ご飯」などで、栄養計算されている。食事の時間が終わると、教員が食堂に生徒たちを迎えに行き、教室に戻る。

　同じ公立学校であっても、市立と州立では様々なルールに違いがある。まず、一クラスの定員数も異なる。例えばサンカルロス市内の場合、市立小学校では１・２年生は25人まで、３〜５年生は30人までであるが、州立小学校では一律32人までとなっている。さらに、市立学校では、おやつなどの食べ物を許可なく自宅から持ってくることは禁止されているが、州立学校ではおやつを持ってくることが認められている。また、既述したように、市立学校には軽食の売店はないが、州立学校にはある。市や州の財政状況の違いが、学校の様子に反映されている。

　その他、ブラジルの学校を日本の学校と比べて異なる点としては、生徒たちは学校では清掃活動はしない、家庭訪問はない、授業参観もない、部活動もほぼない、髪型などの校則はない、公立高校には入試がない、などがある[3]。

2. 教員体制と保護者の学校参加

（1）教員と管理職

　日本とブラジルの教員免許の取得方法に違いがある。ここでは大学での教員免許取得に限定して説明したい。日本では、教員養成を主眼とする教育学部では、課程が認められていれば、幼稚園教諭、小学校教諭、中学校教諭、高等学校教諭、特別支援学校教諭、養護教諭、学校図書館司書教諭、保育士など、多種にわたる教員養成を行うことができる。それに対し、ブラジルの教育学部を卒業すると、幼児教育と小学校の教員資格を得ることができるが、中学校や高校の教員資格は得られない。中学校や高校の教員資格を得るには、教科の専門学部（例えばポルトガル語なら文学部）に入学し、その学部で教職課程を履修しなければならない。つまり、文学部などの各教科に関係する専門学部には教職課程があり、例えば文学部教職課程を履修した者が中学・高校のポルトガル語の教科専門教員となる。また、小学校だけでなく中学校や高校の校長などの管理職には、教育学部卒業者はなれるが、教育学部以外の教職課程出身の教科専門教員はなることができず、大学院等で教育学を修了する必要がある。ただし、実際には、専門学部の教職課程を履修していなくても、高校の教員をしていたり、自分の専門分野以外の科目を担当していたりなど、ルールと現実の差は大きい[4]。

　2020年時点で、ブラジルの基盤教育の教員およそ219万人のうち、学部卒業者43.6％、大学院修了者43.0％と高学歴化が進んでいるが、

その教員に求められる専門性の高さに似合わず、教員の給与は低い。高等教育を修了した他の専門職の給与に比べると、教員は 21.5 ％も低い（Todos pela Educação 2021）。その低い給与を補うために、複数の学校を掛け持ちして教える教員が以前は多かった。しかし、現在では掛け持ちする教員の割合は減ってきており、2020 年時点で、1 つの学校だけで教える教員の割合は、基盤教育段階全体で 79.6 ％、高校では 84 ％となっている。教員の専門性強化や給与改善は、PNE2014‒2024 の目標 15〜18（第 4 章**表 4-3** 参照）に掲げられ、教員改革はブラジル教育改革の一つの柱になっている。

　学校には、授業を担当する教員のほかに、学校運営を司る管理職・専門職がいる。校長、副校長、教育コーディネーターなどである。これらの管理職になるためには、基本的に教育学部を卒業していなければならない。教育コーディネーターは、日本の指導主事のイメージに近く、各教員の授業計画を指導する立場にある。およそ 16 万人の基盤教育の校長のうち、88.2 ％が高等教育を受けており、そのうち 54.4 ％が大学院の学位を取得している。校長の選出方法の傾向は、学校の設置主体によって異なる。市立学校では、教育局などの行政による指名・任命（66.6 ％）が最も多く、保護者や生徒、教職員などの学校コミュニティの参加する選挙のみによる選抜（12.9 ％）や、選挙と資格審査による選抜（4.0 ％）、公募（7.0 ％）は少数であった。それに対し、州立学校では、学校コミュニティによる選挙のみ（31.9 ％）が最も多く、行政による指名・任命（23.3 ％）、選挙と資格審査（17.3 ％）であった（Brasil. INEP 2023）。

（2）教員の権利

　日本の学校では、教員の長時間労働が問題になるが、ブラジルの教員

はほとんど残業をしない。授業開始の10分ほど前に学校に到着し、授業後30分程度で帰宅する教員が多い。半日制学校の場合、教員は午前の部の教員と午後の部の教員が異なることが一般的で、午前の部と午後の部の間が1時間ほどしかないため、生徒も教員も学校に長居はしない。

　教員に限らず、労働者は法律で定められた週44時間の労働時間を超えてはいけない。公立学校のフルタイムの教員の場合、勤務時間は週に40時間で、一日に働ける上限は8時間である。また日曜日に授業や試験を行うことは禁じられている。連邦憲法では、残業代は固定給の少なくとも50％増額を定めており、教員組合と自治体との労使協定によってはもっと高い増額基準となっているところもある。

　教員の仕事は、授業を行う以外にも、授業の準備、活動の計画、準備、修正など多くの作業を伴う。そこで、2008年に連邦政府は、授業などの生徒と直接接触する時間は、教員の労働時間の3分の2まで定めた。その後、一部の市がこの制限を違憲であると訴訟を起こしたが、2020年、連邦上級裁判所は、この時間制限を合法と認め、ブラジル全土の公立学校の教員にこの権利を保障すると決定した。その結果、授業以外にも学外研修など、学校の利益のためである限り、教室の内外で行われた活動は、公立学校の教員の勤務日としてカウントされることとなっている。

（3）保護者の学校参加

　公立学校では、保護者会や学校評議会の開催回数が教育委員会によって決められているところが多い。

　保護者との会合（保護者会）は、担任教員とクラスの保護者全員との全体保護者会であり、四半学期ごとに1回、年4回開催されるところが

多い。保護者と個別に話す必要がある場合は、保護者会の前後の時間などで面談して対応している。保護者による授業参観はない。個別の成績は、成績表を保護者会の時に保護者に渡しているが、今ではインターネットでいつでも保護者が確認できるようになった。現職の小学校教員に話を聞いたところ、保護者会の参加率はあまり高くないが、コロナ2019による休校期間が長かったことで、SNSを使って保護者ともやり取りすることに抵抗がなくなり、以前よりも簡単に連絡を取り合えるようになったという。

　学校評議会は、学校の民主的運営において最重要な役割を果たす学校の意思決定機関である。小・中学校の基礎教育の場合、学校評議会を持つ学校は公立で70.5％、私立で24.8％となっている。構成メンバーの割合は、教員40％、教育専門職5％、職員5％、保護者の代表25％、生徒の代表25％で、サンパウロ州の場合、構成メンバー全体で20～40名である。教育専門職には、校長だけを除く場合と、校長、副校長、教育コーディネーターを除く場合など、地域によって異なる。校長は、学校評議会の会長であり、会議を招集する権利を持つが、議決権はない。ただし、議論に参加することはできる。学校評議会は、年間計画で示された目標やすべての活動を提案、監視、評価する機関であるため、定期的に会合を開かねばならない。開催頻度は、地域によって異なり、例えばサンパウロ州立学校では、通常学期ごとに2回、その他必要に応じて校長の招集やメンバーの3分の1の提案によって開催される。一方サンパウロ市立学校では、2月から12月まで最低でも毎月1回、合計11回の学校評議会会議を対面もしくはオンラインで開催している。

　生徒の代表や保護者の代表の選出の仕方は、投票などの民主的な選出であることが望まれている。また、PTAの組織率は公立で31.7％、私立で5％とあまり高くはない。生徒会はさらに少なく、公立で13.5％、

私立で3.9％である。民主的な運営を実現するために政府は学校評議会を推進しているものの、その道はまだ途中といえる。

3. デジタル化した学校選択・登録

　ブラジルは、あらゆる証明書が何をするにも必要な国で、その証明書を取得するために役所に長い列を作るのが当たり前であった。また、申し込んでから発行されるまでにもこれまた長い時間がかかったものだ。それが、今やインターネット経由で簡単に取得できるようになった。

　学校選択と登録の仕方もまたデジタル化で大きく様変わりした。もともとブラジルには学区の概念が明確ではなかった。2009年に4歳以上のすべての子どもに対し、自宅に最も近い公立学校で勉強する権利が連邦法で初めて保障された。しかし、学校の受け入れ定員を超える入学希望者が殺到した場合など、実際には自宅から最も近い学校に入学できないこともある。そこで、入学できる空き定員のある学校を探して、入学申し込みを保護者がする必要がある。先着順で入学者を決めるのが当たり前のルールだった時代は、人気のある学校の願書受付日には長蛇の列ができたらしい。筆者の確認できた範囲では、一部地域で2011年頃からインターネットで入学したい公立学校に入学事前登録をできるようになったようだが、当初はネットでも先着順は変わらなかった。

　公共サービスのデジタル化を強力に進めたブラジルの2023年現在の学校選択・登録は、以前とは異なる。「昨年までの旧制度では先着順で決まっていましたが、2023年度からは違います」（レシフェ市）と大きく告知されているように、先着順でない学校選択の方法が今広がりつつある。その最新動向を紹介しよう。

　学校選択・登録の手続きは大きく分けて2段階ある。第一段階が、オンラインで行う事前登録である。後日、入学する学校が発表になった

後、第二段階として直接学校を訪問し、入学の本登録を行う。デジタル化が進んだのは、この第一段階の事前登録の部分である。

この学校選択・登録は、1年生などの新入生の入学手続きであると同時に、前年度にすでに在籍校のある生徒で他校への転校を希望する者の編入学の手続きでもある。なお、前年度の第3四半学期までの出席率が75％を超えている学生が在籍校での進級を希望する場合は、自動的に新学年に登録されているので、事前登録はしなくてもよいが、第二段階の本登録のために学校を訪問する必要はある。

細かなルールは州や市によって異なるものの、一般的な手続きの流れは以下のとおりである。第一段階で専用サイトにログインすると、登録した住所から近い公立学校がリストアップされる。登録できる住所は、子どもの居住地のみか、保護者の勤務地や祖父母の住所でも可なのかなどは自治体による。保護者は、家からの距離や学校の教育の質を表す基盤教育開発指数（Ideb）をサイト内で確認でき、学校選択の参考にすることができる。市によっては通学時間1時間以内であることなどの選択の制限が課される場合もある。保護者は、リストの中から希望する学校を3校程度選び、優先順位をつけて登録する。定員超過の場合に優先的に選ばれる条件の例は、同じ学校に兄弟姉妹が通っていること、家からの近さ、年齢の若さ、家庭が生活保護受給登録をしていることなどである。障害児については、すべての学校は枠が空いていれば受け入れるが、必ずしも優先的に入学枠を確保される訳ではない[5]。事前登録期間内に希望校の登録を済ませると、後日一斉に結果が発表される。結果はオンラインで確認できる。もし希望校に決まらなかったり、決まった学校が気に入らなかったりする場合は、定員に余裕のある学校をサイトで検索したり、問い合わせたりして、直接学校に申し込むことになる。

事前登録制度は、先着順ではなくなったことで、優先条件に当てはま

れば確実に入学できやすくなった。その反面、オンラインサイトへの接続ができない人などは、従来通り、役所や学校での手続きとなり、手続き前に得られる情報量の格差は広がっている。さらに、いじめや暴力を行った者を強制転校させた事例もあり、転校のしやすさは必ずしも生徒の利便性からだけではない点も忘れてはいけない。

　なお、この学校選択の方法は、ほとんどの公立高校に適用されるため、ブラジルでは高校入試はなく、中学校までの学業成績も関係しないのも、日本との大きな違いである。

おわりに

　ブラジルの学校は、日進月歩でルールが変化している。かつては校内にマリア像やキリスト像などが飾られていても問題はなかったが、今では撤去されている。デジタル化も進み、便利になる一方で、置いてきぼりになっている人々もいる。また、紙面の関係で触れられなかったが、コロナ 2019 が感染拡大する中でハイブリッド化した授業も、今ではほぼコロナ 2019 前の状態に戻ったという教員の声もあり、学校のデジタル化の状況はまだ確定的とは言えない。

　ブラジルは過剰なまでの法律を制定する国で、多すぎる法にブラジル人教育行政研究者が憤りを露わにするほどであるが（二井 2022：271-272）、国民も負けてはいない。ブラジルはジェイチーニョ（jeitinho）の国なのだ。ジェイチーニョとは、「なにかをやろうとして、それを阻むような問題や困難が起こったり、それを禁止する法律や制度にぶちあたったりした場合に、多少のルールや法律に抵触しようとも、なにか要領よく特別な方法を編み出して、不可能を可能にしてしまう変則的解決策」（武田 2014:16）のことで、ブラジルの国民性を表す言葉である。不可能を可能にしてしまうジェイチーニョが、教育現場でも発揮されるこ

とで、せっかく作ったルールが無効化してしまったり、逆にルールでは
対処できないことにもフレキシブルに対応できたりもする。ジェイチー
ニョの処世術の中で、変わるものと変わらないもの、変われるものと変
われないものが、ブラジルの学校には混ざっている。

参考文献

江原裕美（2008）「貧困に立ち向かう学校―ブラジル」二宮皓編『世界の学校―教育
　　制度から日常生活の学校風景まで―』学事出版、166-175。

武田千香（2014）『ブラジル人の処世術―ジェイチーニョの秘密』平凡社。

二井紀美子（2022）「ブラジル―対面授業再開までの長い道のり」園山大祐・辻野け
　　んま編『コロナ禍に世界の学校はどう向き合ったのか―子ども・保護者・学校・
　　教育行政に迫る―』東洋館出版社、271-286。

Agência Câmara de Notícias（2022）Comissão aprova prioridade para matrículas
　　de crianças com deficiência em escolas públicas. 2022-12-12.［https://www.
　　camara.leg.br/noticias/927248-comissao-aprova-prioridade-para-
　　matriculas-de-criancas-com-deficiencia-em-escolas-publicas/］（accessed
　　on 22 February, 2022）

Brasil.INEP（Instituto Nacional de Estudos e Pesquisas Educacionais Anísio
　　Teixeira）（2023）*Censo da Educação Básica 2022. Brasília,* DF：INEP.
　　（2022年基盤教育学校調査）

IBGE（Instituto Brasileiro de Geografia e Estatística）（2022）*Pesquisa nacional de
　　saúde do escolar：análise de indicadores　comparáveis dos escolares do 9º ano
　　do ensino fundamental municípios das capitais：2009/2019*．IBGE,
　　Coordenação de População e Indicadores Sociais. Rio de Janeiro.（全国学校健康
　　調査2009年/2019年）

Todos pela Educação（2021）*Anuário Brasileiro da Educação Básica* 2021.São
　　Paulo: Moderna.（ブラジル基盤教育年鑑2021年）

》注

1　例えば、サンパウロ市教育局が学校休暇中の 2023 年 1 月 9 日から 27 日までの 3 週間に実施した「休暇中のレクリエーション」事業では、サンパウロ市内の 4 歳から 14 歳までの子どもなら登録すれば誰でも無料で参加でき、午前 9 時から午後 4 時まで、市内の学校施設 64 か所で、水遊びやワークショップ、ゲーム、文化ツアーなど、さまざまなスポーツ、レジャー、レクリエーション、芸術活動プログラムを行うとともに、朝食、昼食、午後のおやつも無償で提供された。

2　2022 年からの「新しい高校」制度では、本文中に示したような教科を個別に扱うことはせず、4 つの知識領域（「言語とそのテクノロジー」、「数学とそのテクノロジー」、「自然科学とそのテクノロジー」、「応用社会・人文科学」）にグループ化している。

3　ブラジルの学校生活の雰囲気を知るには、情報が古くなるが、江原（2008）も参照されたい。

4　任期付きの臨時雇用で、教育学部の卒業生が高校の専門科目を担当できることを一時的に認めた州もある。また専門学部教職課程を卒業して同じ専門科目を教えている高校教員（例・数学科の教育課程を卒業して数学を教える）は、2020 年には 65 ％にしか満たなかった。さらに、2.4 ％は高等教育さえも卒業せずに、高校の教科を教えていた（Todos pela Educação2021）。

5　2021 年に、障害児と希少疾患の子どもの公立学校への優先入学を認める法案が提出され、2023 年 2 月現在、上院、下院での審議許可を受けて、専門委員会で審議中である。本法案を提出した議員は、入学をめぐる競争が障害のある子どもや青少年を学校に通わせることを防げ、社会的孤立を悪化させ、能力の開花を遅らせる可能性があると指摘した（Agência Câmara de Notícias 2022）

学習課題

1.　日本では教員の多忙化が問題視されるようになって久しい。では、ブラジルの教員の在り方や学校のしくみを日本と比べ、日本の教員の多忙化を解消するために、ブラジルの教員や学校の在り方から参考に

できることはなにかあるだろうか。あなたの考えをまとめなさい。

2．ブラジルの学校選択の方法は、日本でも適用できるだろうか。適用
できる点があるとするならば、どのような条件ならばどのような点が
できるのか、または、全く適用できないとするならばそれはなぜか、
あなたの考えを整理しなさい。

10 | 学校で教える教員、学ぶ子どもと 関わらない保護者

シム チュン・キャット

《目標＆ポイント》 この章では、第5章で概観したシンガポールにおけるマクロレベルの学校教育制度を踏まえ、学校の内部に入り込み、そのリアルな姿と日常を、とりわけ唯一の義務教育段階である小学校の様子を中心に、教員および子どもとその保護者の関わり方から、ミクロレベルで見ていくことによって、日本の学校のあり方が普遍的ではなくむしろ特異であるかもしれない、ということについて考える。

《キーワード》 教員採用と養成、教員のキャリアトラック、教員生徒関係、学力格差是正

1. シンガポール小学校の日常と事情

（1）小学校の年間予定

　本章の焦点となる小学校の学期、長期休みおよび特別な休日は**表10-1**に示す通りである。

　春夏秋冬のないシンガポールでは、基本的に暦通りに1月から小中学校、ジュニアカレッジと技術教育校の新学年が始まる。ただし、ほぼすべての教育機関が4月から新学年を迎える日本とは異なり、シンガポールの大学とポリテクの新学年はそれぞれ8月と4月よりスタートする。

　表10-1からわかるように、シンガポール小学校の1年間の授業は10週間ずつの4学期に分けられ、学期の間には長期休みがある。合わせて12週間ある長期休みのほかに、ニューイヤーズ・デーや各民族と

表10-1　小学校における2023年の学期、長期休みおよび特別な休日

休日	1月1日（日）・2日（月）：ニューイヤーズ・デー	
一学期	1月3日（火）〜3月10日（金）	10週間
休日	1月23日（月）・24日（火）：春節（旧正月）	
長期休み	3月11日（土）〜3月19日（日）	1週間
二学期	3月20日（月）〜5月26日（金）	10週間
休日	4月7日（金）：グッド・フライデー（イースター前の金曜日）	
休日	4月24日（月）：ハリ・ラヤ・プアサ（断食月ラマダン明け）	
長期休み	5月27日（土）〜6月25日（日）	4週間
三学期	6月26日（月）〜9月1日（金）	10週間
休日	6月29日（木）：ハリ・ラヤ・ハジ（聖地巡礼祭・犠牲祭）	
休日	8月9日（水）・10日（木）：ナショナル・デー（独立記念日）	
休日	9月1日（金）：教師の日	
長期休み	9月2日（土）〜9月10日（日）	1週間
四学期	9月11日（月）〜11月17日（金）	10週間
休日	10月6日（金）：こどもの日	
休日	11月13日（月）：ディパバリ（ヒンドゥー教・光の祭典）	
長期休み	11月18日（土）〜12月31日（日）	6週間

出典：シンガポール教育省ホームページに掲載された資料をもとに筆者が作成

宗教にとって1年で最も大事な祝祭日も学校は休みになる[1]。また、学校では原則的に中間テストはなく学年末試験のみがあるものの、小学校1年生と2年生にはすべての教科において成績は一切つけないことになっている。

　さらに、教師への感謝を表すべく大学を除くすべての教育機関がその前日に祝う「**教師の日**」や小学校だけが休みとなる「こどもの日」および全国民が慶祝するナショナル・デー（独立記念日）も学校の年間行事予定として重要かつ不可欠な祝日であることが表から読み取れよう。

（2）小学校の週間予定

　表10-2に示したのは、シンガポール小学校4年生の一般的な時間割

である。第5章でも触れたように、シンガポールの小学生は成績に基づいて5年生からすべての教科において標準か基礎学級にグループ分けされるため、4年生は進路の分岐点となる非常に重大な意味を持つ年でもある。その4年生の時間割を**表10-2**に示したのはそのためである。

シム（2019）にも詳しく述べられているように、シンガポールでは、大人の通勤ラッシュアワーと重ならないように、また仕事を持つ保護者が子どもを学校へ送ってから職場に向かって勤務開始時間に間に合うように、小学校の朝はとにかく早い。授業は7時半からスタートするため、子どもたちは朝の7時20分に始まる朝礼集会の前に登校しなければならない。

表10-2　小学校4年生における一般的な週間時間割表

	月	火	水	木	金
07:20	朝礼集会	朝礼集会	朝礼集会	朝礼集会	朝礼集会
07:30	算数	算数	英語	理科	母語
08:00	算数	算数	英語	理科	母語
08:30	算数	社会	英語	体育	英語
09:00			休憩		
09:30	人格/市民教育	人格/市民教育	母語	図工	英語
10:00	人格/市民教育	母語	母語	図工	英語
10:30	英語	母語	算数	集会	体育
11:00	英語	理科	算数	担任ガイダンス	体育
11:30	英語	英語	体育	担任ガイダンス	算数
12:00	社会	英語	体育	ランチ	算数
12:30	音楽	英語	理科実験	母語	掃除
13:00	音楽	英語	理科実験	母語	
13:30				算数	
14:00				算数	
14:30	補習時間	補習時間		部活動/課外活動	

コマ数（1コマ＝30分）：英語：13、算数：11、母語：8、理科：5、体育：5、人格/市民教育：3、社会：2、音楽：2、図工：2、担任ガイダンス：2

　小学校では、**母語**と人格／市民教育の授業がそれぞれの民族語で行われる以外は、すべての教科の教授言語が英語となっているために、英語は週に13コマも当てられている非常に重要な教科であることは表から明らかである。英語に次いで週間コマ数が多いのが、算数の11コマと**母語**の8コマである。次節で紹介する授業の実践例がこの三教科にスポットを当てたのも、これら教科が学習の柱をなしているからである。なお、**小学校修了試験**のテスト教科はこの三教科と4年生において5コマが当てられている理科である。

　加えて、理科と同じく体育も週に5コマあることにも注目される。第5章で述べた、子どもの教育とウェルビーイング（心身的健康）の保護について、シンガポールが世界1位となっている所以がここにもある。

　また、**母語**とその**母語**で教授される人格／市民教育の授業が、学級を問わず同じ学年であれば同一時限に設定されていることもここで強調したい。これは、異なる民族の生徒が同じ時間帯にそれぞれの**母語**で行われる授業の教室へ移動できるように配慮されているためである。

　最後に、週によって木曜日の午後には小学校でもその参加が強く推奨される部活動や課外活動の時間があるほか[2]、月曜日と火曜日の午後に補習時間が確保されていることにも注目されたい。習熟度別学習が重視されるシンガポールでは、補習授業の有無とその内容が学級や生徒によって違ってくることは、改めて指摘されるまでもないだろう。

（3）小学校での一日

　シンガポールには学区というものがなくまた学校の始業時間が早いため、朝のまだ暗いうちに近所に住む子どもは徒歩で学校へ向かい、遠くから通う子どもは公共交通網あるいは保護者の車もしくはスクールバスで登校する。ちなみに、学区がないゆえに、小学校入学に際して、希望

する学校に保護者が子どもを入れたい場合は応募する必要があり、その
ため名門校や**小学校修了試験**で常に実績を上げている人気校には応募が
殺到し、定員を超えた場合は抽選が行われる。小学校への入学優先順位
については、保護者と学校との関わり方に関する箇所で詳述する。

　さて、7時20分になると朝礼が始まり、まず国旗に向かって国歌
「Majulah Singapura（進めシンガポール）」を国語のマレー語[3]で歌っ
た後、「国民の誓い」を英語で唱える。誓いの内容は「私たちシンガ
ポール国民はその人種、言語、宗教に関わらず、一つの統一された国民
として正義と平等に基づく民主主義社会を築き、国家のために幸福と繁
栄、そして進歩の達成を目指すことを誓う」というものである。これは
言うまでもなく、多民族国家ならではの民族融合と国民統合の政策の一
環であり、かつ学校が果たす重要な役割の一つでもある。誓いの唱和
後、朝会では担当教員が訓話などを行ったり、代表生徒がその日の連絡
事項や行事予定を確認したりするのが常である。

　生徒たちが集会の後にそれぞれの教室へ移動していく頃には、朝から

**図10-1　ホールにて行われる朝礼集会で「国民
の誓い」を唱える生徒たち**（筆者撮影）

学校の廊下、階段や道路などの各所で掃除している委託業者の清掃員の姿が見えるのがシンガポールの学校ではよく見かける風景である。それら清掃員のほとんどは低賃金の外国人労働者であるため、家族を伴っての出稼ぎ滞在は法律上できない。従って、清掃員たちの子どもは彼らが毎日きれいにしているシンガポールの学校に入学することはない。

　民族や宗教によって食べ物のタブーが多種多様であるため、シンガポールの学校に給食は存在しない。その代りに学校には必ずそれぞれの民族と宗教に配慮した食べ物を提供する店が集まる食堂が配置され、価格も政府による補助金で低く抑えられている。休憩やランチの時間になると食堂は生徒たちでごった返し、それぞれのお小遣いの現金かスマートカードで店から好きなものを買って好きな席で好きな友達と食べる。また、保護者が申請すれば世帯収入の低い家庭の生徒には食べ物を購入するための電子マネー入りのスマートカードが配られる。その金額は、週に 7 食分で 1 食につき S$2.6 シンガポールドル（2023 年現在、S$1 は約 100 円）である[4]。

図10-2　教員が見回っている中、休憩時間に食堂に集まってくる生徒たち（筆者撮影）

　ところで、写真からもわかるように、シンガポールでは小学校を含むすべての学校において制服の着用は必須である。ただし、気候が一年中高温多湿であるため、学校規定のポロシャツの着用も可とされている。

　表10-2の時間割表にもどると、木曜日10:30には全校集会があり、講演や音楽コンサートなどを含む特別活動が行われたりする。また「掃除」の時間が金曜日12:30に設けられているが、生徒たちの担当エリアは教室の中やそのすぐ外の廊下と窓拭きぐらいで、例えば**母語**の授業が行われる共用の教室を掃除するのはやはり委託業者の清掃員である。

2. 授業の風景と教員の育成

（1）生徒の理解度と学習状況に合わせた習熟度別指導

　第5章で説明された通り、シンガポールの小学校では5年生から教科ごとの習熟度別学級編成が制度的に行われることになっているものの、校長の裁量でもっと早い段階から生徒の学力に応じて学級を分けて授業を行う学校も多くある。これは、学校教育の各段階の「出口」に国家統一試験があり、よって教育の質と効果を確認できるため、学校の運営と管理に関しては、校長の権限と裁量権が広く認められているからである。**表10-3**が示すように、教員の採用、配置や解雇だけにとどまら

表10-3　校長のリーダーシップの責務について　　　　　　　　（%）

	以下の仕事の遂行について自身が重要な責任を持つと回答した校長の割合			
	教員の採用	教員の解雇・停職	生徒の入学許可	学校内の予算配分
シンガポール	50.5	48.4	88.7	95.2
アメリカ	95.3	84.3	65.1	60.7
ブラジル	32.8	31.6	48.2	44.7
フランス	28.9	16.7	60.7	72.0
日本	13.7	9.0	46.1	58.1
参加国平均	69.1	60.4	72.7	61.5

出典：OECD国際教員指導環境調査（TALIS 2018）をもとに筆者が作成
（ドイツはTALIS2018に参加しなかった）

ず、どのような生徒を入学させるのか[5]、あるいはどのような学級編成、学習プログラムや部活動をどれくらいの予算で実施するのか、または強化するのかは、校長の判断によって決定される場合が多い。

　さて、以下では、筆者が実際に某A小学校で数日間観察した、成績の振るわない生徒だけが集められている4年生のZ学級で行われる、最も重要な教科である英語、算数および**母語**の授業風景を見ていこう。

　英語の学級：**小学校修了試験**の教科である英語、算数、理科と**母語**のうちの三つの使用言語が、**母語**を除けば、すべてが英語であることから、算数や理科の問題を正しく理解するにも、ある程度の英語力が必要となってくる。それゆえに「英語を制する者は受験を制す」とまでいかなくても、英語の習得がいかに重要であるかは改めて強調するまでもない。

　しかし表10-4からわかるように、シンガポールでは英語が家で最も使用されている言語になってきたとはいえ、今なお半分以上の世帯で英語が主要な使用言語ではない。それに、家での使用言語が英語といっても標準英語ではない、シンガポール訛りの英語シングリッシュである可能性も無きにしもあらず、である。第5章で言及した、シンガポールに

表10-4　**家で最も使用されている言語**　　　　　　　　　　　　(％)

	1980	1990	2000	2010	2020
英語	11.6	18.8	23.0	32.3	48.3
中国標準語の華語	10.2	23.7	35.0	35.6	29.9
中国諸方言	59.5	39.6	23.8	14.3	8.7
マレー語	13.9	14.3	14.1	12.2	9.2
タミル語	3.1	2.9	3.2	3.3	2.5
その他	1.7	0.8	0.9	2.3	1.4

出典：シンガポール国勢調査1990, 2000, 2010, 2020をもとに筆者が作成

おけるバイリンガル教育の難しさがここにある。

　筆者が観察したＡ小学校Ｚ学級の英語授業は、２人の教員がチームティーチングで担当していた。学習テーマは生徒が喜びそうな「アイスをつくろう」であった。教員はまずアイスの味、色、形、トッピングや材料などに関する英単語を、最初からグループごとに座る生徒たちから聞き出しながら、ホワイトボードにまとめておく。

　その後、各グループ内でメンバーがそれぞれデザインしたアイスから最も売れそうなものが一つ選ばれ、それを考案した生徒がグループの代表として教室の前に立ってクラスメイトに英語で売り込んでいく。

　授業中、１人の教員が教室内を歩き回りながら各グループに指導を行い、もう１人の教員は英語力が最も低いグループだけに教えていた。先生の話によると、グループは固定ではなく生徒の学習進度と態度や生徒同士の関係性によって入れ替わったりすることもあるという。

　加えて、授業で使用されたのは教科書ではなく、学級の習熟度に合わせて生徒が興味を示しそうな教材シリーズであった。教員の言葉を借りれば「楽しさを通して学習を促す」ことがその目的である。そのため、英語力の高い学級では「アイスをつくろう」などではなく、よりレベルが高く考える要素も多い学習テーマで英語を習うそうだ。

　算数の学級：Ｚ学級の算数授業でも、２人の教員がチームティーチングで教えていた。授業では、低学力の学級だとは思えないほどに、生徒たちは教員の質問に活発に楽しく反応していた。

　教員の２人はゲームとクイズや例題などを用いて熱心に生徒たちから反応と回答を引き出しつつ、授業テーマである「対称性」についての説明を丁寧に行った。シンガポールでは小学校１年生から教科担任制が取られているものの、算数の授業中でも、担当教員は生徒の間違った英語

をその都度直していた。また、説明するのに教員が華語とマレー語を使用した場面も何度かあった。

　生徒たちに「対称性」の概念を視覚的にも理解してもらうために、1人ずつ白い紙を半分に折らせ、その真ん中に水彩絵の具で好きな色と模様をつけさせて閉じた後、再び紙を開いて提出させた。この作業に、生徒たちは実に楽しそうに取り組んでいた。先生の話によれば、同じ「対称性」を教えるにも、算数のできる学級では視覚的に訴えるこのような時間のかかる教授法は用いられないという。

　母語の学級：シンガポールの学校では、**母語**の時間になると学年ごとの各学級の異なる民族の生徒が、それぞれの習熟度に応じた、**母語**授業が行われる教室へ移動し、授業を受けることになっている。

　しかし**表10-4**にも示したように、近年では家で英語を話す世帯の増加に加え、異民族間結婚と国際結婚の上昇によって「**母語**」の定義が揺らいでいることも事実である。他方、外国人生徒の場合でもシンガポー

図10-3　教員2人によるチームティーチング
（筆者撮影）

**図10-4　教員の質問に積極的に反応する生徒た
ち**（筆者撮影）

ルの学校で学ぶ限り、原則としてその学校で実施されている**母語**の授業
の中から一つ選んで学習することになっているため、言語によって「**母
語**」を学ぶ生徒の人数と習熟度はまちまちで、学習人数の多い華語の授
業については習熟度別学級編成ができる一方で、学校によっては学習人
数の少ないマレー語やタミル語の授業では、一つの学級に異なる習熟度
の生徒が混在している場合が多い。

　また付け加えていえば、筆者が観察したすべての**母語**の授業でも双方
向参加型の形態が取られていたものの、生徒の知らない単語を教員が英
語を使って説明する場面も多かった。

（2）教員の採用とキャリアトラック

　人材育成を国策の柱とするシンガポールにおいて、その育成を担う学
校教員の社会的役割が非常に重要であることは容易に想像できよう。**表
10-1**にもあったように、同国では教師への感謝を表すための「**教師の
日**」が学校の休日になっていることがその証左の一つであろう。それだ

けでなく、1998年から生徒に推薦され教育省に選出される優秀な教員には「教師への大統領賞」が、そして1999年からは優れた若手教員には「傑出教育青年賞」が大統領より授与されることになっている。実際に、「教員は社会の人々から尊敬されている仕事である」と思う日本の教員が約4割にとどまるのに対して、同じ質問項目について肯定的に答えたシンガポールの教員は7割を超える調査結果もある（シム 2014）。

　加えて、日本と違ってシンガポールの大学には教職課程がなく、原則的にトップ層の成績で大学を卒業した教員志願者のみが採用候補となり、書類審査、筆記試験、プレゼンおよび面接という難関試験を突破した者だけが、国内唯一の教員養成機関である国立教育学院で訓練を受けることになる。教職課程の授業料は国が負担し、さらに学校での教育実習を含む16ケ月の訓練期間中も正規教員と同じ待遇で給与とボーナスが支給される。

　また、同国の教員のキャリア形成には、最終的にほかの教員への指導助言や研修を主たる職務とするマスターティーチャーになるための「ティーチングトラック」以外にも、校長や教育省本部の部長以上の役職を目指すための「リーダーシップトラック」およびカリキュラム開発の専門家になるための「シニア・スペシャリストトラック」がある。A小学校のZ学級で使われた、生徒の学習ニーズに合わせた教材はまさにこれらシニア・スペシャリストが作成したものである。

　なお、シンガポールティーチャーズ・ユニオンという多くの教員が加盟している国内最大の教職員組合および各民族の教員から構成される組合が国の独立以前より教員の労働条件改善や権利保護などの活動を行っているが、現在ほぼすべての教員が国策への理解と協力を求められる公務員ないし準公務員であるため、教員によるデモやストライキはほとんど聞かれない。

3. 保護者による学校へのサポート

　シンガポールの学校教育に対して保護者はほとんど関わっておらず、PTA は基本的に存在しない。保護者は教育に無関心では決してないが、せいぜいひと学期に一回、ないし半年に一回の三者懇談会もしくはボランティアベースのペアレントサポートグループ（Parent Support Group、略称 PSG）に参加するだけである。後者については、ボランティアがいなければ PSG すらない学校もある。

　PSG のある学校では、その執行委員会には担当教員がメンバーとして、校長もしくは副校長がアドバイザーとして加入するものの、その管理と新メンバーの勧誘および指導は総じて保護者によって実施される。興味深いことに、シンガポール教育省が発行し、ベテランの PSG メンバーがまとめたガイドブックには、PSG の活動は主に学校の行事やイベントなどへのサポートに限られ、学校の教育方針や教員の指導法に対してフィードバックはできるが、介入や干渉は認められないと記してある。

　ところで、シンガポールの小学校への入学には優先順位があることを本章の第 1 節で述べたが、その順番は、①兄姉がすでに同じ学校に通っている場合、②保護者か兄姉が同校の卒業生、もしくは保護者が同校の教職員ないし運営諮問委員会委員である場合、③保護者が PSG を通してこれまでボランティア活動を 40 時間以上行ったなど学校への貢献度が高い場合、または地域活動のリーダーであると認められた場合、④居住地が学校の近くにある場合（自宅から学校までの距離が短いほど入学が優先される）、⑤外国人である場合、となっている。

　以上の優先順位から、入学に際して、教育熱心でボランティア活動に励む保護者を持つ子どもが有利になったり、名門校や人気校近くの地価

が上がったりするなどの現象が起こるであろうことは推測に難くない。学校の教育理念をよく理解している家庭の子どもを優先的に入学させるためのこのような措置は、小学校入学にあたっては社会経済的に優位な家庭に有利に働くかもしれない。ただ、成績のような「客観的」な選抜指標がないために、学校間の学力差がイメージほど顕著であると一概にはいえない。

参考文献

シム　チュン・キャット（2014）「日本とシンガポールにおける高校教師の仕事の違い」樋田大二郎・苅谷剛彦・堀 健志・大多和直樹編『現代高校生の学習と進路－高校の「常識」はどう変わってきたか？』学事出版、98-108。

シム　チュン・キャット（2019）「世界トップレベルの学力を誇るシンガポールのしんどい学校」ハヤシザキカズヒコ・園山大祐・シム　チュン・キャット編『世界のしんどい学校』明石書店、144-168。

》注

1　ベサックデー（お釈迦様の誕生）とクリスマスも学校休日となっているが、長期休みと重なるため、表には表されていない。なお、太陰暦に沿って決まり、日付が毎年変動する前者は2022年には長期休みに入らない学校休日であった。

2　学級や学年を離れた集団の中で自主的に行う活動を通して、豊かな人間性と社会性を養うために、シンガポールの学校では部活動は教育の一環として重要な位置を占めている。中学校では、部活動への参加は必須である。

3　マレー語が国語になっている背景には、マレーシア連邦の一州であった歴史的な経緯もある一方、マレー語を主要言語とする周辺諸国との調和が重要だという政治外交的な理由もある。国家的儀式や軍隊号令の際にもマレー語は使用されているが、大多数の国民は学校でマレー語を学んでいないため、シンガポールは世界で最も国民が国語を日常生活で使わない国となってしまっている。

4　中学生の場合は、週に 10 食分で 1 食につき S$3.5 シンガポールドルになる。

5　「脱学力偏重選抜」の一環として、ほぼすべての学校において学校定員の 2 割以内なら、試験での成績が学校の求める水準に達していない場合でも、芸術やスポーツあるいはリーダーシップに秀でた学生を入学させる権限を校長は持つ。地元最大の新聞「ザ・ストレーツ・タイムズ」2022 年 11 月 12 日付の記事にもあるように、2022 年にこの「直接学校入学（Direct School Admission）」制度を利用した生徒数は同年齢層の約 3 割にあたる 12,200 名で、合計申請数は 31,800 件であったが、最終的に入学許可が得られた生徒数は 3,900 名にとどまった。

学習課題

1．日本と比べて、シンガポールの小学校がどのような特徴を持っているかを整理しなさい。

2．シンガポールの学校現場における取り組みを日本の学校に導入することの是非について、三つの事例を挙げて検討しなさい。

第3部 コロナ2019と教育

11 | コロナ2019禍における ドイツの学校教育

辻野けんま

《目標＆ポイント》 本章の目標は、グローバルなリスクに世界が直面したコロナ2019禍において、ドイツの学校教育がどのようにこのリスクと向き合ったのかをとらえ、コロナ2019禍が浮き彫りにした学校教育および教育行政の特質について考えることにある。

《キーワード》 コロナ2019、就学義務の正当性、ロベルト・コッホ研究所、KMK（常設文部大臣会議）

はじめに

　コロナ2019禍のロックダウンや休校を機に、デジタル教育への対応の困難が浮き彫りになった。加えて、学校と家庭、学校と学校監督行政、学校監督と政治、などの関係性が問われることとなった。また、家庭における学習や遠隔教育をめぐり、伝統的な就学義務制度そのものをめぐる論争が再燃した。学校教育が何をどこまで担い、家庭や地域社会がどのような教育を担うのかや、学校監督（教育行政）や政治がどのような教育責任を果たすのか等の問題が、コロナ2019禍において顕在化している。

　2019年末に発生したコロナ2019の第一波は、2020年2月から3月にかけてヨーロッパへも拡がった。当時のヨーロッパでは、感染者数や重

症化率、致死率のいずれも日本をはるかに凌ぐ深刻な被害が急速に拡大した。当時イタリアでは一日の死者が1万人をこえる日も出ており、多数の医療従事者も亡くなるなどせい惨な状況があった。その中にあって、ドイツは第一波の段階では他のヨーロッパ諸国と比べると被害はまだ小さくおさえられており、感染症対策の模範ともみなされていた。しかし、その後状況が深刻化していく。本章では、コロナ2019禍のドイツの学校教育がどのような困難に直面し、それをどのように克服しようとしてきたのか見ていく。

1.　コロナ2019禍での教育上の困難

　ドイツの学校に子どもを通わせているある保護者は、学校閉鎖時に親が家庭で学習に寄り添わなければならなかった苦悩や、その間の学校とのやりとりの難しさについて語る。第1回目の学校閉鎖ではオンラインの授業はほとんど行われず、子どもの学習の様子を写真撮影して教員にメール報告する等していた。子どもの家庭学習について教員からのフィードバックには教員毎に大きな個人差があったと実感されている[1]。

　ドイツ・ベルリンの小学校教員であるレネートとバールは、2度にわたる学校閉鎖の影響について、第1回閉鎖時の困難や教員としての戸惑いについて詳しく述べつつ、第2回閉鎖時における学校組織上の対応や教育行政上の支援などについて示している（レネート／バール他 2022: 153-160)。それによれば、第1回閉鎖時にオンラインでの教育に十分な対応ができなかった学校現場が、第2回閉鎖時には学習プラットフォームの構築やICT環境整備策などの教育行政上の支援をうけつつ、その間に重ねられた研修などの知見も生かして対応した。

　ドイツで最も広く読まれているニュース雑誌『シュピーゲル』は、第1波による休校期間にあたる2020年4月26日の記事で興味深い調査結

果を紹介した。それによれば、30％の子どもが教師とほとんどやりとりしていない、56％の子どもはメールで定期的に課題を（学校から）もらっている、双方向性のあるコミュニケーションの方法としてとしてチャット（26％）、クラウド活用（22％）、ビデオミーティング（16％）、電話で教師と連絡をとる生徒も約1割との結果を示している（辻野2022: 174）。

　休校期間中の実態は極めて多様であることは、同記事における3人の子どもをもつ父親（51歳）のインタビュー記事でも詳細にとりあげられている。それによれば、3年生、6年生、10年生の子どもが通う3つの学校の対応は実に異なっている[2]。まず、10年生の娘が通う学校は毎日課題が出され教師からのフィードバックもメールで届き、間もなくビデオミーティングも開始される状況にある。父親も非常に満足している。これに対して、6年生の娘が通う学校は、学校からワークシート（Arbeitsblätter）が毎週1つの教科から届くものの、コーディネートされたものではなく、両親の確認作業が多く父親は憤慨している。3年生の子どもが通う学校は、すべての科目のワークシートが週に1回あり、週末には模範解答も届く。教師は子どもたちにメッセージを届けており、家庭へ電話をかける提案も受けており、父親は相対的に満足している。（辻野 2022: 174）

　この例には、学校や教師一人ひとりの裁量が相対的に大きいドイツの特質がよくあらわれている。すなわち、分権制や学校および教師の自律性が大きいために、休校期間中の家庭での学習のあり方についての対応も多様にならざるをえないという状況がある。その多様な状況は、保護者に混乱・不信・満足・信頼と多様な反応を生んでいる。他方、教師の側も試行錯誤し、奮闘していたことは事実である。

2.　コロナ2019禍が問いかける学校教育の課題

　2020年のWHOのパンデミック宣言以降、コロナ2019禍でのさらなる感染の拡がりを抑え込むことは、あらゆる国家の必須の課題として位置づくこととなった。ドイツでも強力なロックダウンの措置がとられたが、それに際してはドイツ社会の歴史的経緯が慎重にふまえられた。2020年3月18日にメルケル首相（当時）はテレビ演説[3]を通して、ドイツに暮らすすべての人々に、自らの言葉で、ロックダウンをとる必要性を語った。この演説は多くの人々の心に届く内容として諸外国でも話題になった。それは、自由が制約された東ドイツ時代の自らの経験をふまえながら、未知のウイルスの脅威に向かうため自由の制約を国家として行わなければならない苦渋の決断を真摯に伝えるものであった。

　ところが、ドイツの感染状況はその後次第に拡大・悪化し、2020年秋には他のヨーロッパ諸国と同様に深刻化することとなっていく。これに対応するために、混乱の中でも国内法の整備が急ピッチで進められ、公的な専門機関である**ロベルト・コッホ研究所**（**RKI**: Robert Koch-Institut）がイニシアティブを発揮し、科学との連携を土台に政治が執り行われてきたと言える[4]。この間に、感染症対策の基準策定やいわゆる「緊急ブレーキ」などの政策が法整備とともに急速に進められた。教育政策に関しては、従前の法秩序に基づきつつ緊急時の対応がとられた。

　学校教育に関しては、第1波の段階ではロックダウンなどと一定の連動が見られたが、休校判断は各州の文部大臣たちの合議で決定された。各州文部大臣の合議機関「**常設文部大臣会議**」（**KMK**：第1章参照）が、コロナ2019禍以前にも主要な教育政策のイニシアティブをとってきたが、この機関がコロナ2019禍においても自律的な教育政策上の決定に

おいて重要な役割を果たした。その傾向は 2021 年秋現在なおも一貫している。教育行政として一定の自律的な判断がなされていると言える。

　もちろん、現実にはそうしたイニシアティブの下でさえ、子ども、保護者、教師をはじめ学校に関係する当事者に多くの混乱がもたらされた。ドイツの義務教育制度は日本と同様に、学校に行くということが前提（必須）となったカリキュラム・時間割が組まれている。「就学義務」と言われ、学校外での教育も可とする「教育義務」と区別されている[5]。そのため、学校に行かない（行ってはならない）期間が発生した、休校措置の影響は、多岐にわたることとなった。ドイツでは学校の機能が「授業」のみに特化していることから、休校や学校再開後の対応をめぐる違いが日本との間で見てとることができる。日本の場合は授業だけでなく、生活の指導など、学校の機能が「無境界」とされるゆえの混乱や苦悩が子ども、保護者、教師にある。

　日本とドイツでは、学校制度や学校の機能など、前提となる諸条件が異なることも多い。コロナ 2019 禍の同時期に、ドイツではどのような考え方のもと子どもの教育を保障する取り組みが見られ、子ども、保護者、教師にいかなる混乱や苦悩をもたらしていたのか、またそれらをどう乗り越えようとしてきたのかなどについて検討する。以下、まず休校期間中の家庭学習の事例をとりあげ、教育制度上の特質をふまえてコロナ 2019 関連政策を見ていくこととする。

3.　教育の改善のための連帯の動き

　ドイツでは、生徒・教員・保護者の教育参加が法定化されており（第 6 章参照）、教育政策上もこれら当事者の参加が前提とされている。制度上、参加が認められる（求められる）のみならず、自分たち自身でデモ等を通じて政策要求・政策実現のための意思表示も活発になされてい

る。コロナ 2019 禍では、生徒、親、教師・教育関係者らが協力し、政策対応を求めるデモも行われている。ドイツでは、感染リスクから在宅勤務を選択する教員が少なからず出たが、教育行政上もそのことを見越した教員の増員などの対応は早かった。もともと、教育政策上も生徒・保護者・教員の教育参加が制度化されている伝統があるが（第 6 章参照）、非常時においてはそうしたフォーマルな機会だけでなく市民運動などの機会を通じても教育政策の立案へのコミットが見られた。

　例えば、ベルリンの生徒、親、教師、その他教育関係者がコロナ 2019 禍において市民運動団体「学校は違う選択を」を立ち上げ急速な拡大を見せている。コロナ 2019 禍の政策において学校教育の重要性をふまえた条件整備要求などを、ウェブサイト制作からデモの呼びかけまで様々な活動を通じて展開している。その主な要求は以下の 4 点となっている。①あらゆる関係者の負担を軽減し関係者・チームに時間を、②学校に多様な職種からなるチームを、③教職員の加配と養成ポストの増加を、④差別とたたかう参加の保障を、である[6]。

　生徒、親、教師、教育関係者は時にお互いの要求や考えをめぐって敵対的な関係になることもあるが、コロナ 2019 禍における学校教育の改善を求めて、政策者に抗議の声を団結してあげている。町中のデモ行進を通して、広く一般の人々にも、いま教育で起きている問題性を知らせる機会になっている。デモやストライキが文化としてあまりなじみのない日本では、やや奇異にうつるかもしれないが、ドイツではコロナ 2019 禍でもマスクの着用やワクチン接種の義務化に抗議の意思を示すためにデモ行進が頻繁に行われてきた。教育以外でもデモが少なくなかったのがドイツであり、声を挙げれば政治に（何かしら）反映されるという感覚が広くもたれている。教育の分野でも、現状をとらえて声をすくいあげ、集団の意思として表現し、事態を改善していくことが、例

外ではなかったといえる。

4. コロナ2019が就学義務制度に与えた影響

コロナ2019の影響は、学校内部における実践場面にとどまらなかった。遠隔教育の普及とオンライン教材が充実していく中で、「なぜ学校で授業を受けなければいけないのか」と少なからぬ人々が感じるところとなった。つまり、**就学義務の正当性**そのものが問われるようになったと言える。そこで、ここで前提となっているドイツの義務教育制度の特質について整理したうえで、コロナ2019による影響について考えてみよう。

何よりもまず確認されるべきこととして、ドイツの教育行政の基底にある「国家の学校監督」という原則がある。「あらゆる学校制度は国家の監督の下におかれる」とする連邦基本法（憲法に相当）第7条1項に由来する原則である。ただし、連邦国家であるドイツでは、教育・文化政策は「文化高権」という原則に基づき州の権限とされる。州は全部で16（都市州を含む）あるが、学校監督を行う「国家」とは州を指している。

コロナ2019にともなう全国的なロックダウンは、メルケル首相と各州首相との協議を経て決定されるが、休校措置など教育政策上の判断は各州の文部省の権限で行われている。その際、州を超えた教育政策の調整を図るため、従来から設置されていた各州文部大臣の合議機関 **KMK** が、コロナ2019対策についてもプレゼンスを発揮しており、各州が判断をする際の参照枠組みを与えている。なお、連邦にも教育を所管する連邦教育・研究省（BMBF）があるが、各州の学校教育政策に対する直接的な決定権は与えられておらず、あくまで各州に権限が委ねられていることと、全国的な調整はあくまで16人の文部大臣が合議で決定する

KMK が行う点が特徴と言える。

　休校を含む一連の感染症対策は、伝統的な教育制度を揺るがす問題ともなっている。そこにはドイツの義務教育は、外国人や難民も含むすべての子どもを対象とする就学義務が関係している。第二次世界大戦以降、ドイツでは「人道主義」のもと、難民をうけいれてきたが、2015年のいわゆる「欧州難民危機」では、ヨーロッパ諸国のなかで突出して多数の難民を受け入れた。また、2022年以降はウクライナからの難民を受け入れている。そこで、公立学校に難民の子どもが多数在籍する状況は、いまや日常風景となっている。

　コロナ2019禍の遠隔教育は多くの家庭に困難をもたらしたが、とりわけ深刻だったのは仮設の宿泊所で暮らす難民の子どもたちだった。インターネットや電話を含む通信環境が十分に整わず、あらゆる子どもに開かれている公教育としての学校が、コロナ2019禍において特に支援を要するはずの難民の子どもに行き届かなくなった。子どもや保護者はもとより教師をも困惑させた。数か月もの間まったく連絡がとれなかった状況も報告されている（レネート／バール他 2022: 153-160）。

　ドイツの教育制度の特徴として、初等教育段階から原級留置（留年）がある厳格な修得主義をとることや、分岐型学校制度を擁すること、就学義務の原則からホームスクールが認められていないこと、長らく学校が午前中のみで終わる**半日学校**であった伝統から午後の学習機会が地域社会に多く存在してきたこと等が、州を超えた全国的な特徴として挙げられる。コロナ2019禍のロックダウンや休校の際には、午後の時間に多様な活動の機会を提供してきた様々な団体も活動停止を余儀なくされることとなった。その一方で、第1回目の学校閉鎖の混乱が第2回目には少なからず改善されていることが教員からも報告されているのは先述のとおりである。

5. KMKを中心とする教育政策上の対応

　ドイツにおける最初の休校は、各州における休校決定が2020年3月16〜18日の間になされた。いちはやくKMKがコロナ2019対策についても協議を行い、3月12日には「コロナ・ウイルスへの対応」[7]を決議した。休校決定の判断は、この決議をふまえて各州がそれぞれ行ったものとなっている。先に述べたメルケル首相のテレビ演説（3月18日）は、ちょうどこの時期のものである。

　KMKは、学校再開にあたっても、進学期にあたる学年を優先的に登校させる等の指針を出した。具体的には、①大学入学資格試験となるアビトゥアを受験する第12・13学年の生徒、②分岐型の中等教育段階への進路選択を控える第4学年の子ども、から再登校が始まることとなった。厳格な就学義務を擁するドイツでは、課程主義により初等教育段階から原級留置（留年）があるが、コロナ2019禍では休校その他による影響に鑑み、パンデミック以前の成績よりも悪くならないよう評価上の配慮がなされた。留年はドイツにおいて、未修得の学習内容を再度学ぶ機会を保障する制度でもあるため、コロナ2019禍において「留年を選択する権利」も保障されることが言明された。日本から見ると奇異に映るかもしれないが、実際、ドイツではコロナ2019禍以前から保護者や子どもの意思によって留年を選択することも珍しくはなく、留年したからと言って一概にネガティブなラベリングが行われるわけではない。むしろ習得不十分なままこの次の学年へ進級させることの方を問題視する向きさえある。

　もともとKMKは、上記の決議（2020年3月12日）に次いで3月25日には「卒業試験は原則維持」とする方針を公表していた。一方、4月2日には全国試験の参加義務を緩和すること、翌4月3日には夏学期は

延長しないことを公表している。そして、4月16日には「学校再開の準備について」を具体的に示した。学校再開時の具体的な対応は、4月28日の **KMK** 決議「コロナ・パンデミック―学校における授業再開のための基本構想」に示されている。そこでは、①段階的再開、②安全衛生措置、③子ども支援の体制、④教科、⑤集団規模・授業時間、⑥休み時間、⑦応急措置、⑧特別な支援を要する子どもへの対応、⑨試験、⑩教職員の配置、⑪学校設置者との調整、の11項目の共通枠組みとして読み取ることができる。

　この4月28日の **KMK** 決議に加えて、全州の教育大臣は以下6項目の追加措置を決定している。(1) あらゆる子どもの機会の平等と公正、(2) 夏休みの扱い、(3) 学校の段階的再開、(4) 夏季休暇までの個別登校の可能性、(5) 対面授業のかわりの家庭学習および学習・教授のデジタル化、(6) デジタル環境を必要とする子どもへの支援、である。

　5月6日には子どもの学習権保障に関して「迅速な復帰へ」とする指針と「全ドイツにおける段階的学校再開の基本枠組み」が公表された。さらに、6月18日には「遅くとも夏休み後は通常の学校運営へ」とする指針が示された。こうした中でも、コロナ2019禍での休校期間の授業時数を学校再開後に回復させようとはせず、授業時数確保のために土曜日を授業日に変更したり夏休みを短縮したりする政策がとられなかった点は、日本とは対照的である。休みの重要性が認識されているがゆえに例年通り確保され、そのために逆に、年度内に扱いきれなかった教育課程内容は翌年度へ繰り越しされる等の判断がなされたのであった。翌年度へ繰り越すという方式をとったドイツは、今、繰り越しした教育課程内容を、学校現場でどのようなスケジュールで通常の教育課程に盛り込んでいくのか、難しい課題に立ち向かっている[8]。

　なお、ドイツの就学義務は、普通教育のみならず職業教育が加わる点

にも特質がある。州差はあるが、初等教育段階から原級留置がある厳格な修得主義、分岐型学校制度、そして移民・難民の子弟をも対象としている点などが特徴的である一方、ホームスクールやフリースクールを認めない厳格な就学義務となっている。それだけに、コロナ2019は、あらためて伝統的な**就学義務の正当性**を揺るがす問題となっている。

　第1波における感染症対策では、ヨーロッパで成功モデルとされたドイツだが、夏休み明けからも新規感染者数が増加し続け、2020年12月に入ると1日あたりの感染者数が2万人を超える。ドイツの総人口が約8千万人と日本の約3分の2であることを考えると、その深刻さが分かるだろう。2020年11月2日には部分的ロックダウンが実施され営業禁止・制約が行われたが、全国的な休校措置はとられなかった。ところが死者が952人を記録した2020年12月16日、連邦政府は2回目の完全ロックダウンに踏み切った。年が明けても感染拡大が収まらず、休校措置は延長に延長を重ねた。ただし、卒業試験やアビトゥアを控えた第10、12、13学年の小規模授業は各学校判断で実施可能とされた。

　パダボーン大学が行った教師対象の調査によれば、「ドイツのおよそ3分の2の学校は遠隔授業の基本方針をもっていない」とされた[9]。

　また、南西ドイツのメディア教育協会は、平均成績が5段階評価で2.5点となるようなサンプリングにより全ドイツ1000人の抽出調査（2020年4月2〜6日オンライン調査実施）を行い、生徒の遠隔学習のツールを尋ねている。それによれば、12〜19歳の生徒は遠隔学習での利用機器として携帯電話（82%）やパソコン（ノート型／デスクトップ型）（80%）を挙げている。しかし一方で、同じ調査によって26%の生徒が機器を共同利用しているという状況も明らかにされている[10]。

　ドイツにおいて感染者数がノルトライン＝ヴェストファーレン州と並んで最も深刻なバイエルン州では、州都ミュンヘンを中心に状況が深刻

化している。一方、同州の人口5万都市パッサウはチェコ、オーストリアとの国境近くに位置しながら、感染封じ込めに成功している[11]。

6. コロナ2019が照射した学校教育と教育行政の特質

　総じて、ドイツにおけるコロナ2019に対する教育政策は、厳格な修得主義をとる就学義務制度を擁するにもかかわらず弾力的だった。修得状況を把握するテストを実施せず、学校再開後に授業時数の「回復」に学校が追われない政策判断がなされた。つまり、年度内に扱いきれなかった教育内容は、翌年度以降へ繰り越すことができることが徹底されたのである。

　次に、教育行政の特質として、休校決定が州文部省と学校監督機関の判断で行われ、全国的な調整はKMKが行い、教育政策の決定過程において、教師（教員組合）、保護者（父母協議会）、生徒（生徒会）という当事者の参加を平時と同様あくまでも前提としたことが挙げられる。

　ロックダウンはメルケル首相と各州首相との協議を経て決定される。コロナ2019関連政策には、特に**ロベルト・コッホ研究所**からの科学的知見が参照されている。ドイツの就学義務の法的根拠は州法にあり、連邦基本法（憲法）上には直接の規定が無い。基本法上では、人が自らの人格を自由に発達させる権利（第2条）、自然権としての親の教育権（第6条）、国家の学校監督（第7条）が明文化され、子ども―親―国家のトライアングルを形成する。就学義務という制度は、毎日の学校での学習を（結果的に）強いる点で、子どもの自由（基本権）や親の教育権に対する国家の介入とされており[12]、従ってそのような強制性が認められるのは一定の範囲に限定されるべきとの考え方がある。義務教育及び教育課程行政とかかわって特徴的なのは、厳格な就学義務にもかかわらず、コロナ2019の影響による休校の影響を3年ほどかけてゆるやかに

取り戻そうとしている点であり、学校再開後に当該年度内に「回復」さ
せようとする傾向はみられない。週休日の確保や長期休暇等は通常通り
となっている。年度終了までに扱いきれなかった教育課程内容は、翌年
度へ繰り越される。移民・難民の教育保障も重視される。教師はいわゆ
るエッセンシャルサービスと位置付けられており、ワクチン接種も優先
グループに属している。

　学校教育のICT化は、スイスやオーストリア等のドイツ語圏諸国の
中では最もドイツが遅れているが、従来認められなかったホームスクー
ルの議論が休校により再燃している。学校外の教育機会として、地域ク
ラブ（Verein）や青少年援助施設が普及しているが、ロックダウンで
いずれも活動停止となった。

　以上の特徴を日本との対比において総括するならば、①義務教育制度
の特質、②教育行政の自律性、③当事者の教育参加、④休校決定の責任
所在、⑤専門機関のプレゼンス、⑥社会的弱者の優先対応、⑦教師の
エッセンシャルサービスとしての位置づけ、⑧休日の短縮による授業時
数の回復、の諸点が挙げられる。①〜③は教育行政の前提であり、④〜
⑧は明示された政策理念や特徴であるが、いずれも平時にはあまり意識
されにくい側面がこの非常時において浮かび上がったと考えられる。

　①については厳格な修得主義をともなう就学義務のドイツがコロナ
2019禍で教育課程の弾力的な運用や習得を求めているのに対して、年
齢主義にたつ就学義務の日本が教育課程を時数規定なども含め極力平時
に近づける運用をしている違いが対照的である。②についてはドイツに
おいてはコロナ2019禍でもKMKを中心とした教育行政の一定の自律
性が保たれているのに対して、日本では首相や首長に権限が集中した。
③についてはドイツで政策決定に当事者の参加が制度化されているのに
対して、日本では中央・地方の教育政策が「上から降ってくる」ことに

現場は戸惑い、逆に現場の声が教育政策にどれだけ汲み取られていたのか不明である。④については休校決定の権限と責任の所在がドイツでは明確であり、日本は制度の建前と実態とが乖離し曖昧だったと言える。②③はこれとの関連が深いが、中央─地方関係などの視角が加わる。ドイツは教育政策の決定権を州に分権化し、当事者の参加を法制度によって保障し、これら教育参加が非常時でも維持されている。

　⑤については専門機関として、ドイツでは**ロベルト・コッホ研究所**がプレゼンスを発揮し政治と科学の連携がとられてきたのに対して、日本は常設の専門機関はおろかコロナ対応に特化して設置された専門家会議でさえも影響力は限られ政治主導が際立っていた。⑥についてはドイツにおいて貧困対策や社会的弱者への配慮が強調されてきたのに対して、日本では弱者対応が政策の前面にほとんど出ていない。⑦についてはドイツにおいて教師はエッセンシャルサービスと位置付けられ PCR 検査とワクチン接種も優先グループに位置付けられたのに対して、日本はそうなってこなかった。⑧については学校再開後に長期休暇を短縮したり休日を授業日に振替えたりする政策はドイツでは見られない。日本では、いわゆる「学習の遅れ」言説から授業時数の「回復」を図る対応がとられ、時間確保の観点からもいわゆる受験教科への重点化や学校行事の中止、部活動の中止などがなされた。これらは時数の「回復」を考えず次年度への持ち越しを決断したドイツと対照的である。

　もちろん、以上①〜⑧の明示された政策理念に現実は追い付いていない面は否めない。しかし、理念が明示されている以上、たとえすぐに支援が行き届かなくても現場にとって向かう方向性は見えている違いは大きい。方向が定まらない上に「上から政策が降ってくる」のみでは、現場の不安や不満のいきどころがなく疲弊させるばかりだろう。この点、彼我の政策には画然とした違いがあったことを指摘しなければならな

い。なお、学校教育のICT化の遅れなど、日独に共通する問題も少なからず存在する。ドイツ語圏諸国の中では最も遅れているとされた教育のICT化への課題や、従来認められなかったホームスクールの議論の再燃なども注視すべき動向となっている。さらには、従来、放課後の午後に学校外で広く見られた教育機会である地域クラブや青少年援助施設は、学校教育の射程を学校外から描き出してきたが、これらもロックダウンで学校とともに活動停止となった。この点、意思決定が民主的であり明確であったドイツ社会においても、コロナ2019がもたらした災禍は甚大であったことに違いはない。

　非常時における対応は、ある社会や組織の日常では見えにくい面を白日の下に晒すことがある。コロナ2019の災禍はドイツにおいても日本においても多大な混乱と苦悩をもたらしてきたが、その対応には本章で述べてきたような違いがある。翻って日本を見ると、国の要請や方針に地方自治体は敏感に反応する姿勢がみられた反面、国や地方の政策に、最前線で奮闘し続けてきた教師や保護者、そして何よりも子どもたちの意思がどのように汲み上げられたのか判然としない。学校に直接かかわる当事者の参加と合議による意思決定が蔑ろにされているとすれば、問題の根は深いだろう。国や地方における意思決定に当事者の声はどのようにすれば反映されるのだろうか。

　メルケル首相の演説は多くの人の心を打ったとされるが、それでもデモは頻発する社会がドイツだ。一方で、市民に届くような政治の声が聞かれないがデモも起こらないのが日本だ。教師は感染リスクを顧みず強い使命感と責任感のもと勤務し続け、保護者は不満や戸惑いを押し殺し仕事と家庭に身を捧げ、子どもは学びや遊びの機会を転換される中で自分の声など届かないのだとあきらめる、そのような社会であって良いはずはないだろう。教育において当事者の意思が大切にされる社会である

とはどういうことか。そのために政治にどう向き合うべきか。人間の命や健康を基礎としながらも、人間の発達というものをどう保障していくのか。この極めて繊細なバランスのとり方について、コロナ2019が人間に問いかけているものは根深い。

参考文献

辻野けんま（2022）「コロナ禍においても当事者の参加が重視される学校教育」園山大祐・辻野けんま編『コロナ禍に世界の学校はどう向き合ったのか──子ども・保護者・学校・教育行政に迫る』東洋館出版、172〜186。

C.レネート・S.バール・S.マイゼ・辻野けんま（2022）「ベルリンの2人の小学校教師が見たコロナ禍の学校」園山大祐・辻野けんま編著『コロナ禍に世界の学校はどう向き合ったのか──子ども・保護者・学校・教育行政に迫る』東洋館出版、153〜160。

園山大祐・辻野けんま・有江ディアナ・中丸和（2021）「国際比較に見るCOVID-19対策が浮き彫りにした教育行政の特質と課題──フランス、スペイン、ドイツ、日本の義務教育に焦点をあてて──」『日本教育行政学会年報』47号、25〜45。

横田明美（2022）『コロナ危機と立法・行政─ドイツ感染症予防法の多段改正から』弘文堂

Hermann Avenarius／Felix Hanschmann（2019），Schulrecht, 9. Aufl., Carl Link.

Johannes Rux（2018），Schulrecht, 6. Aufl., C. H. Beck.

Kultusministerkonferenz, https://www.kmk.org/［2023年1月29日最終確認］

》注

1　筆者がオンラインで行った2020年9月26日のインタビューによる。

2　ドイツの多くの州は小学校（基礎学校）が4年制であり、加えて中等教育段階にさまざまな学校種が存在する「分岐型」と呼ばれる制度をとる。こうした背景もあり、3人の子どもはそれぞれ違う学校に在籍している。

3 移動の自由など個人の自由を制約された東ドイツ時代の経験にふれ、民主主義社会における自由の制約は最低限であるべきことを確認しつつも、非常時における政治の責任として断腸の思いで移動の自由の制約をすることを真摯に説明し共感を呼んだ。Deutschland.de., "Chancellor Angela Merkel on the Corona Crisis in Germany" https://www.youtube.com/watch?v=EMWCqUElFP8［2020 年 5 月 2 日最終閲覧］

4 コロナ禍におけるドイツの立法・行政については、横田明美（2022）『コロナ危機と立法・行政―ドイツ感染症予防法の多段改正から』弘文堂、が詳しい。

5 本書では、教育義務をとる国の一例として、フランスをとりあげている（第 2 章を参照されたい）。

6 一連の集会準備には筆者もオンライン参加する機会を得ることができた。なお、パンデミック以前であればこうした集会準備は対面で開催されていたため、海外から集会参加するなどは容易ではなかったが、オンライン化が逆に思いがけずこうした機会を広げたことは副産物と言える。

7 KMK の決議や勧告などの文書は公式サイト（https://www.kmk.org/）に掲載されているため、本章では出典表記を割愛する。

8 連邦レベルのプログラム「コロナ後のキャッチアップ」が展開し、コロナ禍での学習支援や教員加配のため、あるいは家族で休暇を過ごせる場の提供など、幅広い項目での特別予算（20 億ユーロ、日本円にして約 2600 億円）が特別予算として計上されている。https://www.bmfsfj.de/bmfsfj/themen/corona-pandemie/aufholen-nach-corona［2021 年 11 月 24 日最終閲覧］

9 Universität Paderborn „Lehrkräfte-Umfrage während der Corona-Krise ":https://www.uni-paderborn.de/nachricht/93655/［2020 年 9 月 22 日最終閲覧］

10 Medienpädagogischer Forschungsverbund Südwest, „JIMplus 2020 Corona-Zusatzuntersuchung ": https://www.mpfs.de/fileadmin/files/Studien/JIM/JIMplus_2020/JIMplus_2020_Corona.pdf［2020 年 9 月 15 日最終閲覧］なお、ドイツの成績評価は 1 が一番よい評価である。

11 パッサウ大学研究員ホイリヒ（Benjamin Heurich）氏からの調査協力を得て地元の学校の状況を調べたところ、2020 年 4 月 27 日からの段階的な学校再開に続き、5 月 11 日から対面授業の全学年への拡大、9 月に入り一部の学校でマスク着用義務の解除など推移してきたことが分かる。地元の学校の対応は、各学

校の公式ウェブサイトや学校公式 Facebook ページなどで確認できる。たとえば、パッサウ市内の Columba‒Neef‒Realschule Neustift では、3月の休校から現在に至るまでの様子が読み取れ、教師による授業動画配信なども確認できる。https://www.facebook.com/columba.neef.realschule/

12　日本でも就学義務という点では同じだが、たとえばドイツで「不登校」が「就学義務の不履行」として司法対応ともなりうるのに対し、日本では教育対応をとるのが一般的であり強制の度合いに違いがある。他面、ドイツでは人格の発達はそもそも個人の自由（ドイツ基本法第2条）とされるため、合理性のない就学義務は人格の自由な発達への侵害になるとも考えられている。そのため、日本のような学校の無境界化はドイツ社会では受け入れられず、学校はあくまで教育専門的な業務を合理性が認められる範囲で扱う制度ともなっている。

学習課題

1．コロナ2019禍が浮き彫りにしたドイツの教育行政の特質について、日本とどのような違いがあると考えられるか整理しなさい。

2．学校における民主主義・法治主義と社会における民主主義・法治主義の関係について、あなたの考えを整理しなさい。

12 | アメリカの学校における 感染症対策

<small>髙橋哲</small>

《**目標＆ポイント**》 本章の狙いは、アメリカの学校におけるコロナ2019対応が、日本の対応とどのように異なっていたのか、また、そのような対応の違いを生み出した要因がどこにあるのかを、これまでの学習を踏まえて検討することにある。

《**キーワード**》 コロナ2019、疾病予防管理センター、混合学習、対面授業、教員団体交渉、アメリカ救済計画法

はじめに

　コロナ2019により、世界が震撼するなか、アメリカは、感染の最前線にあった。ジョンホプキンス大学の統計によれば、世界的な流行が始まった2020年3月から5月まで、世界で最も感染者数の多い国となったのがアメリカであった[1]。日本でも連日、感染爆発を起こしたニューヨーク市の様子がテレビニュースで放映され、セントラルパークに野外病院が設置され、遺体収容施設が足りず冷凍車に遺体が運び込まれる様子は記憶に新しい。本章では、コロナ2019に対してアメリカの学校がどのように向き合ったのかを、なかでも、感染症被害が最も深刻な都市の一つであったニューヨーク市学区を中心にみてみよう。

1. 全米におけるコロナ2019対応

（1）学校における初期対応

　アメリカ国内ではじめての感染者が発見されたのが 2020 年 1 月 21 日であった。これにともない、2020 年 1 月 31 日に連邦保健福祉省が非常事態宣言を発し、中国渡航者の入国を拒否し、中国渡航を禁止する。その後、2 月末までに累計 20 人程度であったものが、3 月末に 19 万人にふくれ上がることとなり、2020 年 3 月 13 日に連邦政府による非常事態宣言が発せられる。トランプ政権のもと、コロナ対応が遅れた連邦政府を尻目に、各州知事は、州内の非常事態宣言を早々に発した。特に、集団感染を起こしたクルーズ船「グランド・プリンセス号」が停泊していたサンフランシスコを擁するカルフォルニア州では 3 月 5 日に非常事態宣言が発せられ、州内の学校の休校措置等が実施される（佐藤・長嶺2021: 23）。また、本章が注目するニューヨーク州でも、後述するように、2020 年 3 月 7 日に非常事態宣言が発せられ、3 月 16 日に州内全域の学校の休校が命じられた。

　第 3 章で詳述したように、連邦制のもと州、学区に教育権限が移譲されたアメリカの学校のコロナ 2019 対応を網羅的に捉えることは難しい。ここでは、佐藤・長嶺（2020 年）に倣い、民間調査期間であるアメリカン・エンタープライズ研究所が行った全米 250 学区 10,289 校の2020 年 5 月 27 - 29 日時点での調査（Malkus et al. 2020）をもとに、コロナ 2019 への学校の初期対応についてみてみよう。

　まず、2019 - 2020 年度の終了期にみてみると上記の調査対象となった学校のうち、59 ％が 2020 年 5 月 29 日までに当該年度を早期に終了したことが示されている。他方、休校に伴う授業日数の喪失についてみてみると平均は 8 日間の喪失にとどまり、15 ％はリモート学習への切り

替えにより喪失日がなかったとされている。この背景には対象となった学校のうち、2020年5月29日までに、86％が少なくとも非同時オンライン授業（Google Classroomなど）を提供し、さらに44％はリアルタイムオンライン（授業Google Hangouts, Zoomなど）を提供していたというリモート授業への切り替えの早さがあった。また、オンライン授業にあたっては、70％の学校が、インターネットにアクセスするための支援を行い、66％の学校で子どもが家庭で利用できるデバイスを提供したことが示されている。

　さらに、休校中の子どもへの支援として注目されるのが、学校での食事提供である。調査対象となった学校の95％が、給食を手渡しによって子どもに提供したことが示されており、学校がオンラインによる学習の拠点としてのみではなく、子どもたちの福祉の拠点ともなっていたことが示されている。

　上記と同じ調査対象の学校について、夏休みを挟んだ2020年9月から始まる新年度（2020-21年度）にあたり、学校が如何なる再開計画を立てているかに関する調査（Malkus 2020）によれば、すべて対面で行う学校は2％、リモートと対面を混合で行う学校が63％、リモートのみで行う学校が34％となっていることが示された。このように、アメリカの学校では、2020-21年度の開始には、リモートと対面の混合での形態がとられ、子どもの**対面授業**をできる限り確保しようとする動きがみられたのである。この背景には、以下にみるように、感染症の専門機関が、子どもの安全のみではなく、精神衛生上の観点からも、**対面授業**の実施を推奨してきたことがある。

（2）感染症対策機関が重視した対面授業

　学校における感染症対策において重要な役割を果たしたのが、感染症

対策専門機関である**疾病予防管理センター**（Centers for Diseases Control and Prevention：以下、**CDC**）の示すガイドラインであった。各州、学区では、この**CDC**のガイドラインや指針を参考に、学校での感染症対策が採られたのである。

　CDCは、米国においても感染拡大が顕在化した2020年3月25日に、コロナ2019への「暫定指針」を公表し、それまでに解明された疫学的知見にもとづき学校における感染症対策モデルを示した。そこでは大前提として、全米的に画一的な休校措置をとるのではなく、地域の感染状況の把握をもとに、学校ではできるかぎり対面での授業を維持しながら、段階的な対策をとるべきことが示されていた。**CDC**の「暫定指針」においては、①学校におけるコロナ2019対策は、地域ごとに行うという「地域決定の原則」、②その決定にあたっては、地域の保健当局と協業するという「専門機関活用の原則」、そして③休校措置が行われる場合も「対象範囲」と「対象期間」を感染状況に応じて段階的に拡大するという「最小限の制約原則」が示され、休校措置による子ども達の不利益をできる限り抑制することが目指されていた。

　これらの原則については、2021‐2022年度の学校再開にむけて体系的な対策を示した2021年5月15日改定の**CDC**ガイドライン「初等中等教育における段階的予防策による運営指針」（以下、「運営指針」）においても発展的に踏襲されている。**CDC**は一貫して、学校閉鎖を行うことなく、対面による学校運営は可能であるという立場をとっている。

　CDCが対面での授業にこだわるのは、その前提として、「子どもたちに安全で支援的な教育環境を提供し、教員やその他の職員の雇用を保障し、保護者が仕事に通えるようにする上で、学校は地域インフラの重要な一部である」と認識していたからである。特に、**対面授業**の欠如は、人種的、民族的マイノリティの子どもたちに不利益を与えるもので

あり、それゆえ「学校は新型コロナウイルスにより不均衡な影響を受けている子どもたちの教育と健康の平等（equity）を保障する上で、中核的な役割を果たしている」とする。

　さらに、**CDC** が重要な点として強調していたのが、学校の再開計画を策定するにあたり、教職員、保護者、地域といった学校ステイクホルダーによる参加を確保することであった。「運営指針」は、地域で学校再開の計画を策定する際には、少なくとも、管理職、教員、生徒・保護者代表、教育支援職員（学校カウンセラー、学校ソーシャルワーカー、学校心理士、看護師）、施設管理者・用務員、通学補助職員・給食職員・保護者支援職員の代表を参画させるべきであるとしていた。

　実際に、このような学校における感染症対策をめぐる当事者参加は、州政府レベルにおいても試みられており、例えば、2021-2022 年の開始にあたりニューヨーク州では、州教育省が学校再開のガイドラインを策定するに際し、州内４箇所にタスクフォースを設置し、２回の会合を行い、総じて 350 名の保健、教育の専門家とともに、1,650 名の保護者、生徒、教員、学校管理者、教育委員会の代表が参加した。このプロセスの下で策定された州ガイドラインにおいては、各学区が「学校再開のための計画を策定するにあたり、学校のステイクホルダーと地域のメンバー（例えば、学校管理者、教員、職員、生徒、保護者、地域保健当局、地域保健関係者、そして、組合、同窓会、その他地域を基盤とする団体などの関連組織）と意見交換をしなければならない」とされた（New York State Education Department 2021: 15）。このような州レベルでの当事者参加に加え、以下にみるように、各学区、学校レベルでも、保護者や教職員などの参加のもと学校再開のあり方が検討された。

2. ニューヨーク市の事例分析

（1）ニューヨーク州内の政策経緯

　冒頭にみたように、ニューヨーク州ではニューヨーク市を中心とする感染者の激増により、2020年3月7日に非常事態宣言が発せられ、2020年3月16日にクォモ知事（当時）の行政命令（Executive Order）により、3月18日から2週間、全州での学校閉鎖が命じられた。その後4月15日、4月29日、5月15日までと学校閉鎖期間が延長されるとともに、5月1日には2019-2020年度末まで対面での授業は禁止されることが決定された。年度が終了し、夏休みに入る中で、6月13日に州教育省は、翌年度の学校再開にむけて各学区に再開計画の提出を義務付ける。8月7日にはクォモ知事により、マスク着用を義務付けた上で、翌年度を対面で開始すると宣言される。

　こうしたなかで、2020-2021年度にむけて各学区では学校の再開計画が策定され、ニューヨーク市においても以下のような方式による学校再開の計画が示された（New York City Department of Education 2021: 52）。

　2020-2021年度開始時においてニューヨーク市では、対面とリモートによる混合学習（Blended Learning）による授業を実施するとされた。生徒と保護者は、学校での授業に参加するにあたり、対面かリモートかを選択できるとする。そのうえで、混合学習を実施するにあたり、各学校は以下の5つのモデルを選択するものとされていた。

　第1モデルが、各学校の生徒のうち、約半分が**対面授業**を選択することを想定し、対面希望者を2つのグループに分け、火曜日から金曜日のうち2日間で対面の固定曜日をつくり、月曜日だけ隔週で二つのグループをローテーションするというものである。このモデルでは、2週間で

必ず5日間**対面授業**が受けられるとするものであり、他方、全面リモートを希望する生徒は自宅にてオンラインにより授業に参加するものとされている。第2モデルが、各学校の生徒のうち、約3分の1が**対面授業**を選択することを想定した上で、対面希望者を3つのグループに分け、水〜金曜のいずれかに1日固定曜日を作り、月、火曜日をグループでローテーションするという方式であり、3週間でかならず5日間**対面授業**が受けられるものとしている。第3モデルが中学、高校を対象とするもので、対面希望者を3つのグループに分け、6日間のローテーションで3日に1回か、一週間に2日続けて対面の授業を行うという方式が採られる。

　また、障害のある子どもを対象とする学校については第4モデルとして約半分が**対面授業**を選択することを想定して、対面希望者を3つのグループに分け、うち2グループを隔週ローテーションとし、3つ目のグループは、ニーズにもとづき全日**対面授業**を実施することが想定されている。また第5モデルとして生徒の約半分による**対面授業**選択を想定し、対面希望者を2つのグループに分け、火〜金曜に2日連続の**対面授業**を実施し、月曜日のみローテーションを行うという形で、特殊ニーズをもつ子どもたちにできる限り**対面授業**を提供する試みがなされている。

　このような**対面授業**提供の工夫に加えて注目されるのは、これらの学校での授業スケジュールの決定過程である。ニューヨーク市学区が示した上記のいずれのモデルを学校で実施するかに関しては、各学校の校長が学校内のSLT（School Leadership Team）とともに検討するものとされている。第8章でみたように、SLTとは、校長等に加え、教職員代表と保護者代表とが同数で構成される組織で、平時では校長の学校教育計画（Comprehensive Education Plan）を承認する機関となってい

る。コロナ 2019 のもとではじまる 2020 - 2021 年度にあたり、上記のモデル選択を SLT での合意を経て決定するとした。

　ニューヨーク市学区の学校再開計画では、校長が 2020 年 8 月 10 日までに保護者を対象とするオンライン会議を開き、候補となるモデルを二つ提示するものとされている。これらの会議をもとに、8 月 14 日までに、採用モデルを学区に提出し、8 月末までに生徒、保護者にスケジュールを告知するものとされている。このように、2020-21 年度の開始にあたり、学校再開の方式を当事者参加のもとで実施しようとしていた点に、ニューヨーク市の対応の特徴をみることができる。

　リモートでの授業実施にあたっては、インターネット環境等が整っていない家庭にむけて、必要となるデバイスの貸し出しなども実施された。ニューヨーク市学区は、LTE 登載の iPad を 321,500 台リースし、必要な家庭に貸し出す措置を行ったのである。このため、利用希望の確認のため 9 つの言語にて保護者に通知したうえで、希望者が多い場合は、ホームレスにある子ども、障害のある子ども、給食減額措置等を受けている子どもの順に、優先順位をつけて貸与するものとされた。

　このような再開計画のもと実施された 2020-21 年度であったが、2020 年 9 月 10 日時点ではニューヨーク州内の約半数の学校が、さらに 2021 年 6 月 29 日ではほとんどの学校が**対面授業**を実施していた。また翌 2021-2022 年度の開始にあたっては、2021 年 4 月にバイデン大統領が各州に対して教職員のワクチン優先接種を呼びかけたことから、2021 年 8 月 24 日にニューヨーク州ホーチル知事は、学校でのマスク着用の義務づけとともに、学区内のすべての教職員にワクチン接種、もしくは、毎週検査のいずれかを義務付けることを告知し、9 月 2 日に州保健省が教職員にこれを義務付ける規則を公布した。ニューヨーク市内でも市保健精神衛生局長の行政命令により 9 月 10 日以降、ワクチン接種

が全教職員に義務づけられ、2021-2022年度は原則対面にて学校が開始されることとなった。2022-2023年においては、すでに2022年10月5日に改訂された **CDC** のガイドラインが、マスク着用義務を緩和し、学校看護師や濃厚接触があってから10日間以内の者に対してのマスク着用を求める他、あくまで屋内での着用を「推奨」するにとどめている。このため、2023年1月4日に改定されたニューヨーク市の学校保健方針においては、屋内でのマスク着用が推奨される他、陽性者については6日間の出席停止後10日間、濃厚接触者についても接触のあった日から10日間のマスク着用が求められる形で、対面にて学校が運営されている。

　以上みてきたように、ニューヨーク市における公立学校のコロナ2019対策にみるならば、感染症対策をしつつも、**対面授業**を可能な限り子どもたちに提供するための工夫が行われていた。また、その決定過程においても、市、州、ましてや連邦政府が画一の方式を決定し、上意下達によって実施するのではなく、各学校の判断が求められており、そこに学校当事者である教職員や保護者の参加が促されていた点も特徴としてみることができる。この点に首相の要請や、各自治体の首長の独善によって個々の学校の感染症対策が実施されてきた日本との大きな違いをみることができる。

3.　団体交渉を通じた教員組合の役割

　第8章でみたように、アメリカにおいては、コロナ2019以前から公立学校教員の給与、勤務時間、その他の労働条件は、多くの場合、各学区と教員組合支部との間で締結される団体交渉協約によって定められてきた。それゆえ、米国内においては、学校における感染症対策にあたり、団体交渉が首尾良く機能したことが指摘されている。パンデミック

期間中の臨時的な取り決めとして、例えば、ミシガン州デトロイト学区
では、対面とリモートの双方を担当する教員に 500 ドルを追加報酬とし
て支給し、また、オクラホシティ学区では、ワクチンを接種した教員に
1000 ドルの特別報酬が支給されるなどの対応がなされるなど、調査対
象となった 148 学区の 40 ％が、教員に追加報酬を支給していることが
報告されている[2]。

　ニューヨーク市学区においても、市教育局と教員組合との団体交渉に
より、学校における感染症対策と勤務形態が決定されている。ニュー
ヨーク市学区においては、2020 年 8 月 25 日に対面とリモートの混合学
習に関する「8 月協定」が市教育局と教員組合の間で結ばれ、さらに 9
月 25 日にコロナ 2019 に対応した労働条件を示す「9 月協定」が締結さ
れ 2020-21 年度がスタートすることとなった。

　2020-21 年度の学校教育が対面とリモートの混合学習で開始されるに
あたり「8 月協定」では、すべての教員が、①全面リモート担当、②混
合対面担当、③混合リモート担当のいずれかに配置されることが定めら
れた。「9 月協定」においては、2020 年 7 月 31 日に市教育局より発効さ
れた「ガイドライン」に沿って教育活動を行うことが定められ、教員組
合が教育局の方針に合意している。「ガイドライン」においては、正規
の勤務時間を 6 時間 50 分とした上で、以下のような特殊な時間単位が
確保されることとなった。第一に、授業開始前に 1 日 30 分間の「授業
コーディネート時間」が付与される。この時間は、混合対面教員と混合
リモート教員等が相互調整等を行う時間として設定される。第二に、1
日 30 分間の「準備時間」が設定された。これは、学校の終業直前に設
定され、事実上、教員の拘束時間を 30 分短くし、授業準備等に充てる
ことが想定されていた。第三に、1 日 20 分間のオフィスアワーが設定
され、対面、あるいはオンラインによって生徒、保護者とコミュニケー

ションをとる時間が設定された。

　また、この団体交渉の過程においては、教職員の権利と安全を守るためのルールについても検討されている。先にみたように、米国内の多くの学区において、教員への追加報酬が支給されたのに対し、ニューヨーク市学区においては、コロナ対応の特別措置として教員に有給での休暇を広く認めた点に特徴をみることができる。2020年9月1日に市教育局と教員組合によって取り決められた「覚書」においては、給与全額支給の休暇対象者として、「書面による陽性証明者」、「感染症状が出ている者で、陽性証明が出ていない者」、「政府命令による隔離にある者」、「免許を有する保健サービス提供者により自主隔離を推奨された者」については、2週間を上限として給与を全額支給した上で、休暇を取得することができるとされている。また、「政府による隔離命令にあるものをケアしなければならない者」、「免許を有する保健サービス提供者により自主隔離を推奨された者をケアしなければならない者」、「18歳以下の子どもを、学校閉鎖、あるいはチャイルドケアの利用不能によりケアをしなければならない者」については、給与の2／3を保障するとされている。この方針は、2022-2023年度においてもニューヨーク市学区内の特殊ルールとして継続されている。

　さらに、ニューヨーク市学区の団体交渉協約において興味深いのは、上記のルールを基本としながらも、学校ごとの特例が認められている点である。これは、「**学校を基礎とする選択**」（School Based Option：以下、**SBO**）と呼ばれる仕組みであり、校長と学校内の組合代表によって、変更案が検討され両者が合意に至った後に、学校内の教職員の投票により55％以上の賛成があった場合に基本ルールの変更が認められ、市教育局に届け出るものとされている。

　このように、コロナ2019対応の協約には、特殊状況に対応するため

に教員には新たな裁量時間が与えられるとともに、教員自身の健康と安全を守るためのルールが定められている。また、これらのルールを画一的に適用するのではなく、**SBO** の仕組みを通じて学校当事者による弾力的な運用が許容されている点にも特徴をみることができる。

4. ポスト・コロナのアメリカ公教育のゆくえ

　コロナ 2019 は、その影響が人種、民族によって異なることをも示すものとなった。すなわち、コロナ 2019 の感染、および、死亡率において、有色人種層は白人層よりも高い数値を示していたのである。その要因として、有色人種層は医療保険等において不利な状況におかれているだけでなく、家庭、地域、職場においても対人的に密にならざるを得ない環境におかれていることが指摘されている。富裕層においては、リモートワークが確保され、収入も維持できるのに対し、貧困層はサービス業等に従事することが多いため、ソーシャルディスタンスをとること自体が難しい。このような経済的格差は多くの場合、人種を反映しており、コロナ 2019 はアメリカに以前から存在する人種差別の構造を顕在化させるものであったことが指摘されている（Hooper et al. 2020: 2466）。

　コロナ 2019 の蔓延により各州の減収が見込まれ、さらなる人種間格差の広がることが予想されるなか、バイデン政権は 2021 年 3 月 11 日に「アメリカ救済計画法」（American Rescue Plan Act）を成立させ、コロナ 2019 対応の予算措置を行うこととなった。同法は、コロナ 2019 への対応としてのみではなく、感染拡大が顕在化させた人種的、経済的格差を是正するための連邦政策であると位置づけられている。同法は、市民への家賃補助、食料提供、託児所へのアクセス、さらには学校を再開し休校中の学習の遅れを巻き返すための資金を州や自治体、学区に支出す

るものとされた（Rebell 2022: 180-181）。また、同法は「平等維持」
条項（maintenance of equity）を定め、不利な立場にある子どもが集
住する学区に対して、州政府が2023年、2024年の会計年度に、在籍生
徒の減員数を超えて教育予算を減らしてはならないことを義務づけてい
る（§2004 (b) (1)）。

　さらに、バイデン大統領は2021年4月28日に連邦議会上下両院合同
会議で施政方針演説を行い、臨時立法であったアメリカ救済計画法をさ
らに推し進める「アメリカ家族計画」（American Families Plan）を公
表した。この計画の原案では、ニューヨーク市やワシントン特別区な
ど、一部の地域のみで導入されてきた3-4歳を対象とする無償の就学
前教育（Pre-K）を全米的に実施するための予算として2000億ドル、
2年制のコミュニティ・カレッジを無償とするための施策に1090億ド
ル、無償給食の対象となる学校を拡大するための施策として450億ド
ル、さらに教員の研修、養成を充実し教職の人種的多様性を確保するた
めの施策に90億ドルなど、合計約2兆ドルを計上したのである。この
施政方針演説においてバイデン大統領は、K（幼稚園の年長）から12
学年までで構成されてきた学校教育に対して、「21世紀の競争で勝ち残
るために、12年間は今日においてもはや十分ではない」として、臨時
的なコロナ2019対策にとどまらず、公教育の全面的な拡充によって、
人種的、経済的格差を是正することを目指していた[3]。

　しかしながら、このような挑戦的な計画は、その予算規模が莫大で
あったことから、当初から予想されていたように関連法案の成立に難航
することになった。バイデン大統領は計画を実現するため「基盤強化
法」（Build Back Better Act）を下院に提出するが、法案には無償
Pre-Kが盛り込まれたものの、すでに法案提出前の政治交渉によりコ
ミュニティ・カレッジの無償化については除外されていた。下院では共

和党の激しい抵抗に合うものの、2021 年 11 月 19 日にかろうじて通過し、上院に送られることとなった[4]。

　ところが、上院では全 100 議席のうちの 50 議席を有する共和党議員全員が基盤強化法案に反対するとともに、民主党内のマンチン上院議員（Joe Manchin）もまた当初から法案に反対していたことから、上院内で改めて修正法案が検討されることになる。この結果、法案は「インフレ軽減法」（Inflation Reeducation Act）と名称を変え、2022 年 8 月 16 日に成立することとなる。同法は、処方薬の自己負担の抑制や、ヘルスケアへの補助、さらには、環境対策などの予算を盛り込んだものの、その名称通り、経済政策の一環としてのインフレ対策を主眼とし、当初の公教育の拡充という計画は後景に退いていた[5]。

おわりに

　コロナ 2019 感染拡大のもと、従来から存在していたアメリカの人種的、経済的格差が顕在化するなかで、2021 年 1 月に発足したバイデン政権は、コロナ対策を超えた公教育の充実を目指す政策を立案した。しかしながら、下院、上院のねじれ状態のもとに、保守層を中心とする共和党、また、一部の民主党議員の抵抗のもとに、法案の内容は大幅に縮小されることとなった。このことは、アメリカにおける公教育がいまだに民主党と共和党の政治的綱引き、さらには、人種差別是正政策をめぐる政治的対立に晒されていることを示している。バイデン大統領の当初提案にみられたアメリカにおける人種差別是正のための取り組みは、激しい抵抗のもとに、挫折したかにもみえるが、Pre-K やコミュニティ・カレッジの無償提供の提言自体が画期的であるとも考えられ、その取り組みは途についたばかりともいえるだろう。

　実際に 2022 年 11 月に実施された「中間選挙」（上院、下院のそれぞ

れ半数を改選）では、当初バイデン大統領が所属する民主党の苦戦が予
想され、下院では共和党に過半数を奪われることになったが、上院では
民主党側が51議席（共和党49議席）の過半数を獲得した。上院と下院
で「ねじれ国会」となるなか、コロナ2019を契機に始動された人種差
別是正政策が今後いかに進展するのかが注目される。

参考文献

佐藤仁・長嶺宏作（2021）「コロナ禍におけるアメリカ合衆国の教育政策―連邦政府
　の姿勢とシンクタンクの議論―」『比較教育学研究』62号、23-40。

Hooper, Monica W., Nápoles, Anna M., and Pérez-Stable, Eliseo J., "COVID-19
　and Racial/Ethnic Disparities," *JAMA*. Vol. 323, No. 24, 2020, 2466-2467.

Malkus,Nat & Chritensen, Cody & Schurz, Jessica, (2020) "School District
　Response to the Covid-19 Pandemic: Round 6, Ending the Year of School
　Closure," American Enterprise Institute.

Malkus, Nat, (2020) "Reopening in the Shadow of Covid-19: Beginning the First
　Full Coronavirus School Year," American Enterprise Institute.

New York City Department of Education, (2021) *2020-2021 New York City
　Department of Education's School Reopening Plan Submission to New York
　State Department of Education.*

New York State Education Department, (2021) *Recovering, Rebuilding, and
　Renewing: The Spirit of New York's Schools Reopening Guidance.*

Rebell, Michael A., (2022) "State Courts and Education Finance: Past, Present and
　Future," *BYU Education & Law Journal*, Vol. 2022, Iss.1, Art. 7, 113-186.

〉〉注

1　John Hopkins University, Coronavirus Resource Center, "New COVID-19
　Cases Worldwide, "（https://coronavirus.jhu.edu/data/new-cases: last visited

on Jan 31st, 2023).

2　Patricia Saenz‐Armstrong, COVID‐related incentives for teachers during the 2021‐22 school year, December 09, 2021 (https://www.nctq.org/blog/COVID‐‐related‐incentives‐for‐teachers‐during‐the‐2021‐‐22‐school‐year: Last visited, Dec. 15th, 2021).

3　Blad, Evie, "Biden Pitches Plan to Expand Universal Pre‐K, Free School Meal Programs, Teacher Training," Education Week, Apr. 28th, 2021 (https://www.edweek.org/policy‐politics/biden‐pitches‐plan‐to‐expand‐universal‐pre‐k‐free‐school‐meal‐programs‐teacher‐training/2021/04 : last visited on Jan. 31th, 2023).

4　Cochrane, Emily & Jonathan Weisman, "House Narrowly Passes Biden's Social Safety Net and Climate Bill," The New York Times, Nov. 19, 2021 (https://www.nytimes.com/2021/11/19/us/politics/house‐passes‐reconciliation‐bill.html: : last visited on Jan. 31th, 2023).

5　Editorial Board, "Opinion: What the Inflation Reduction Act Will and Won't Accomplish," Washington Post, Aug. 8, 2022 (https://www.washingtonpost.com/opinions/2022/08/08/what‐inflation‐reduction‐act‐does/).

学習課題

1. 日本においては、2020年に長期にわたる学校の休業措置が首相の「要請」によって実施されたが、このような学校における感染症対策の問題がどこにあるか、アメリカの事例を参考にしてあなたの考えを整理しなさい。

2. アメリカでは学校再開にあたり、対面授業の重要性が強調されていたが、オンラインやICTを使ったリモートだけでは果たせない学校の役割がどこにあるか、あなたの考えを整理しなさい。

13 | コロナ2019で変化する学校

シム　チュン・キャット

《目標&ポイント》　第10章で描いたシンガポールの学校生活の風景も2020年から起きたコロナ2019のパンデミックで一変してしまった。この章では、コロナ2019への対応がもたらす教育現場の変容を整理したうえで、学校現場における環境変化を踏まえて、教育の今後のあり方と方向性について考えていく。
《キーワード》　コロナ2019、ICT教育、中央集権、学習格差、学校教育の未来

1.　コロナ2019で求められる対応の迅速性と柔軟性

（1）ゼロコロナからコロナとの共生へ

　シム（2022）にもその詳細が説明されているように、シンガポールでは、2021年10月1日になってコロナ2019による累計死亡者数が初めて100人超の3ケタに乗った（同日における日本の累計死亡者数は17,600人を超えていた）。その背景には、それまでコロナ2019対策の「優等生」とされていたシンガポールが同年の8月中旬から「ゼロコロナ」から「コロナとの共生」へと徐々に方向転換を図ったためである。従って、8月中旬以降の死亡者数の上昇と感染者数の急増はある程度想定内の展開であった。

　国民の不安を和らげるべく、シンガポールのリー・シェンロン首相が同年の10月9日に行ったテレビ中継の演説の一部を以下に訳出する。

　「ここ数週間の感染者数の急増で、皆さんの不安は理解できます…ただワクチン接種率が世界トップレベルである我が国において感染者の98％は無症状か軽症であり、言い換えれば、私たちにとってコロナ2019はもはや危険な疾病ではなくなりました…一方で、まさにシンガポールが『ゼロコロナ』政策を取ってきたために、コロナ2019に対する私たちの免疫力は非常に低く、今後しばらくの間に感染者と死者がもっと増えていくことを心しておかなければなりません…とはいえ、パンデミック前も毎年4000人が肺炎で死亡していました…

　さらに、シンガポールはいつまでも閉鎖を続けるわけにはいきません…規制を強化するたびに、ビジネスは継続不可能に、労働者は失業に、そして子どもたちはまともな幼年時代と学校生活を奪われることになります…私たちはコロナ2019と共生しながら、世界と再びつながらなければなりません…」

　国民へのリー首相による切実な呼びかけからもわかるように、200年以上も世界の中継貿易港として栄えてきた無資源小国のシンガポールにとって、ヒト・モノ・カネの流れを取り込んでこそ富を生み出すことができ、逆にいえば、その流れを停滞させることは自らの首を絞めることにもなりうる。また、リー首相の演説の下線部分にもあった通り、国にとって必要不可欠な「ビジネス」と「労働」以外に、「子ども」も「学校」も極めて重要なキーワードとなる。

（2）ICT教育の充実が難局を乗り越える力に

　コロナ2019下でも、子どもの学習意欲を継続させ学びを止めないためには、オンライン授業を含むICT（情報通信技術）教育が重要不可欠な役割を果たしていることはすでに広く知られていることである。そ

の意味で、常に **ICT教育** の先端を走ってきたシンガポールはコロナ2019下でも学校現場では大きな混乱は生じなかった。以下、その背景を探ろう。

　1993年にアメリカで創刊され、日本でも発行されている WIRED（ワイアード）という雑誌が、巻頭特集「未来の学校 -『教育』は終わった、『学び』が始まる」で **ICT教育** の最前線をゆくシンガポールの「フューチャースクール」を大きく紹介したのは今から10数年以上も前の2012年のことであった。現にシンガポールは1990年代からICT産業を国の基幹産業の一つと位置づけ、教育分野においてもICTの活用を、教育省と情報通信省の主導で1997年より強く推進してきた。その狙いとして、生徒に対する学習指導の面だけでなく、教員の仕事の効率化と負担軽減も挙げられていた。四半世紀以上も前から教育現場へのICT導入が本格化した同国では、低所得層へのパソコン配布や購入支援に加え、学校では紙の教科書を全く使わない授業も展開されてきた。

　その成果は、**表13-1** に示す、各国の中学校校長と教員を対象としたOECD国際教員指導環境調査（TALIS 2018）の結果からも読み取れる。

表13-1　学校のICTインフラ整備および教員のICT能力向上と活用　　　（%）

	校長の回答に基づく		教員の回答に基づく	
	指導のためのデジタル技術が不足	インターネット接続環境が不十分	指導のためのICT利用の公的研修を受けた	指導のためのICT利用ができる
シンガポール	1.6	2.1	88.2	60.5
アメリカ	19.3	16.6	62.7	44.8
ブラジル	59.0	64.0	64.4	64.2
フランス	29.8	27.9	50.9	28.7
日本	34.0	27.0	60.2	28.0
参加国平均	28.1	22.9	60.3	49.1

出典：OECD国際教員指導環境調査（TALIS 2018）をもとに筆者が作成
（ドイツはTALIS2018に参加しなかった）

この表から、シンガポールにおいて学校の ICT インフラ整備が多くの国より進んでおり、指導のための ICT 利用の公的研修を受けたと答える教員の割合も非常に高いことがわかる。ただ他国と同じくシンガポールでも、教員は研修を受けたからといって、指導のために ICT 利用が必ずしもできるとは限らないことも表から看取される。それでも、**ICT 教育**の環境整備、推進と活用においてシンガポールの学校が世界トップレベルにあることは間違いない。

　さらに、2018 年に行われた PISA（OECD 生徒の学習到達度調査）の ICT 活用調査によれば、効果的なオンライン学習サポートのある学校で学んでいる生徒の割合が参加国平均で約 5 割、日本では 3 割以下であったのに対して、シンガポールにおいてはその割合が 9 割であったという（OECD 2020: 196-197）。

（3）教員への評価が学校のコロナ 2019 対応に対する信頼に

　ICT 教育の充実だけでなく、学校教員への信頼もコロナ 2019 下において重要な役割を担うと考えられよう。

表13-2　校長・教員が実感する教職の社会的評価　　　　　　　　　（%）

	「教職は社会的に高く評価されていると思う」と答えた校長・教員の割合	
	校長の回答に基づく	教員の回答に基づく
シンガポール	98.4	72.0
アメリカ	38.1	36.3
ブラジル	22.3	11.4
フランス	15.8	6.6
日本	45.4	34.4
参加国平均	44.1	32.4

出典：OECD 国際教員指導環境調査（TALIS 2018）をもとに筆者が作成
（ドイツは TALIS2018 に参加しなかった）

　シンガポールの学校教員への高い評価は第10章でも触れたが、TALIS 2018 の調査結果を示す**表 13-2**からも、教職に対する社会的評価が同国では非常に高いことがわかる。教職への高い評価は、その仕事と専門性への信頼も高いことを意味するといえる。当然、その信頼の高さはそのまま学校のコロナ2019対応に対する信頼にもつながっていく。

2. 学校、教員と保護者へのチャレンジとサポート

　前節で述べた**ICT 教育**の充実と教員への高い信頼に加え、2002 年から2003年にかけて流行したSARS（重症急性呼吸器症候群）による影響で学校閉鎖を経験したシンガポールの学校現場は、コロナ2019が2020年1月にこの国へやって来たときにすでに準備を始めていた。

　SARS 以降、一斉休校をせざるを得ないような事態がまた発生することに備えて、もともと**ICT 教育**に力を入れていた同国の学校は、ネットを利用した学習形態であるe ラーニングをより充実させたうえで、年一回以上の全校自宅学習日や自宅教育活動を実施してきた。

　さらに2018年からは、教育省の主導で開発され、全国の学校に導入された「生徒学習スペース（Student Learning Space、略称 SLS)」というオンライン学習プラットフォームの活用も進められてきた。シンガポールでは、それまでに長年民間企業によるいくつかの有料の「学習管理システム（Learning Management System、略称 LMS)」のプラットフォームを全国の学校で使用してきたが、経費の削減と何よりもシステム統括の必要性から、最終的に教育省官製の SLS に切り替えた経緯がある。もっとも、校長の裁量権の大きさから、学校によっては独自に違うシステムを使用している場合もある。

　SLS でも LMS でも、第5章と第10章で述べた習熟度別学習制度の下では、学力の異なる生徒はそれぞれ自宅あるいは校内の所定場所から

自分のペースと力に適した学習プログラム、クイズや宿題などを受けることになり、教員も常に彼らの学習進度をモニターすることができる。

　以上、シンガポールにおけるコロナ2019が発生する前の**ICT教育**のあり方を簡単に紹介した。だが、一斉休校をせざるを得ない有事に対する「学校教育のレジリエンス」が強そうなシンガポールでも、コロナ2019の影響によって課題がいくつか浮かび上がった。

　以下では、教育省が打ち出してきた政策、教育省が運営するオンライン教育ニュースサイト「SCHOOLBAG」、新聞社の報道および筆者のインフォーマントである小学校教員F先生（教職歴20年以上：教諭5年、学科主任合計9年以上、その間教育省本部教材開発課勤務6年）の話を中心に、コロナ2019がもたらす教育の課題とそれをめぐる学校の動きを整理する。

（1）コロナ2019に対応した学校運営と学習活動

　シンガポールでは、2020年1月の上旬より中国からの旅行者にコロナ2019感染と疑われる症例が次々と報告され、最初の感染症例が確認された1月23日の前日には、コロナ2019に関する緊急対応策を担う多省庁タスクフォースがすでに立ち上げられた。副首相を顧問とし、当時の保健相と国家開発相を共同議長とするこのタスクフォースのほかのメンバー省庁は情報通信省、通商産業省、環境水資源省（2020年7月より持続可能性・環境省に改名）、全国労働組合会議、教育省、人材開発省、社会・家族開発省および交通省であった。学校運営と学習活動を含む政策は基本的にこの多省庁タスクフォースによって決定される。

　図13-1からわかるように、また第10章の**表10-1**にもある通り、四季のないシンガポールの学校の年間予定は、本来なら1月から始まり、一年の前半と後半でそれぞれ10週間ずつのふた学期に1週間の休

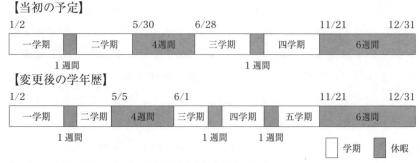

図13-1 2020年度における学校年間予定の変更

暇をはさんで、そして長期休みのスクールホリデーが年半の4週間およ
び年末の6週間と予定されていた。それがコロナ2019の影響で年間予
定が変更され、学期が短縮ないし延長となったり、学期間休暇が前倒し
されたり、追加休暇が設けられたりした。なお、各教育段階において、
低学年の学年末試験が中止になったり、最終学年の卒業修了試験につい
ては時期の延期や試験問題範囲の変更などの配慮も行われたりした。

　また、コロナ2019の感染状況が悪化するとすべての学校が完全な自
宅学習になったり、改善すれば分散登校になったり（例えば、重要な卒
業修了試験を控えている最終学年だけは毎日の登校が許可され、そのほ
かの学年は週ごとの自宅学習と登校を繰り返す）、状況が落ち着いたら
登校が再開されたりしていた。

　以上の措置により、学校の規模、学年、学級や学校内感染状況などに
よる差はあるものの、小中学校では例年なら年間登校日数の200日が平
均約150日になったという報告もある。ちなみに、2021年度および
2022年度における学校年間予定は例年通りに戻ったが、コロナ2019の
感染状況によっては学校における上述の諸措置が柔軟に講じられて
いた。

（2）教職員、部活動顧問および保護者への配慮と支援

　シンガポールでは 2020 年 12 月の下旬から医療関係者を皮切りに、港湾空港関連、公共交通関連など感染リスクの高い職業に就いている者へのコロナ 2019 ワクチン接種が本格化した。2021 年 1 月下旬からは 70 歳以上の高齢者のワクチン接種を実施し始め、そして 3 月の上旬から 15 万人の教職員を対象とした接種を開始した。このことから、教員が必要不可欠なエッセンシャルサービスを提供する重要な専門職と位置づけられていることがわかる。

　オンライン教育ニュースサイト「SCHOOLBAG」2020 年 4 月 28 日付の記事にも取り上げられている通り、同年 4 月 8 日から 5 月 4 日までの最初の全国一斉休校期間が始まる前に、学校はすでに 2 月から準備を整え始め、生徒は事前に教科書と必要な学習資料を自宅に持って帰ることもできた。なお、シンガポールでは小学校から教科担任制が採用されていることもあり、さらに前述した「生徒学習スペース」というオンライン学習プラットフォームでは教員同士による意見交換や指導教材の共有などもできるため、仕事負担の軽減につながったと、同記事のインタビューに応じた教員は述べた。一斉休校への対応について、17 年前の SARS 発生当時と今とを比較して、「ワークシートの提供から授業の提供へ」と評する同記事のタイトルにも頷けよう。

　一方、コロナ 2019 の影響で学校内外の課外活動が中止ないし大きく制限される中、部活動顧問への雇用面での支援体制も設けられた。シンガポールの学校において、部活動が教育の一環として重要な位置を占めていることはすでに第 10 章で述べた通りである。そのため、部活動への参加は小学校では強く推奨され、中学校では義務である。また、部活動の顧問はその競技や分野のプロが務める場合がほとんどであり、各学校はそれぞれのニーズに合わせて教育省が管理する人材登録バンクから

コーチやインストラクターを選考し契約を結ぶことになっている。コロナ 2019 の中で部活動が中止や制限されても、これら顧問に対して雇用の保障、契約期間の延長や給料の一部支給が実施されたわけである。

　家庭や保護者に対する学校の支援としては、インフォーマントの F 先生の話によれば、とりわけ自宅学習期間中において、両方の保護者ともエッセンシャルサービスに従事している生徒や自宅にオンライン学習の環境が充分に整っていないという生徒は、少数でありながら、登校して学校で授業を受けることも認められた。加えて、コロナ 2019 発生後の多くの時期においてテレワークが「デフォルト（基本的な状態）」となっているシンガポールでは、在宅勤務の保護者とパソコンを共有できない生徒やそもそもそれらの機器がない家庭の生徒は、学校から無料でパソコン、タブレットやネット接続機器の貸し出しもできた。同国最大の新聞「ザ・ストレーツ・タイムズ」2020 年 4 月 18 日付の記事によると、全国で 12,500 台のパソコンもしくはタブレットおよび 1,200 台のネット接続機器が小中高生に貸し出されたという。

　また第 10 章にもある通り、学校給食制度のないシンガポールでは、低所得層の生徒にだけ学校の食堂で食べ物を買うための電子マネー入りのスマートカードが配られ、所定の金額は定期的にチャージされることになっている。コロナ 2019 下では、これらの生徒は登校できなくても、あるいは学校の長期休み中でも、地下鉄駅などでスマートカードのチャージができ、学校外でも食事ができることになっていた。

　さらに、シム（2017）でも詳しく説明されているように、シンガポールでは低所得層だけを対象に、生徒に月謝の安い補習塾を実施したり、学外教育活動を提供したり、保護者へのサポートを進めたりするなどの事業を展開する半官半民の民族ごとの自助団体もある。コロナ 2019 による影響を緩和すべく、これら自助団体もオンラインの補習塾の導入を

通して子どもへの学習支援や生活困窮家庭への経済支援を打ち出していた。

（3）コロナ2019がもたらす主な課題

　以上、コロナ2019をめぐる学校の対応と取り組みを概観してきたが、**ICT教育**を推し進めてきたシンガポールといえども、以下の課題も残されている。

　家庭間格差：シム（2019: 40-43）でも指摘された通り、習熟度別学習を徹底させているシンガポールでは、学力格差はそもそもの前提になっており、そのために特に低学力の生徒への学習促進と支援が積極的に行われてきた。しかし前掲の新聞記事にもあるように、**ICT教育**環境が多くの国より整備されている同国では、デジタルディバイド、つまりICT技術と機器を活用できる者とできない者との間に生じる格差よりも、家庭内での利用環境および保護者による監督とサポートによる格差が大きな課題になっていた。このことについてF先生は次のように具体的に語ってくれた。

　「保護者が家にいない子は学校に来ているので、対面で指導はできますが、保護者がいても、例えばベッドの上で寝ながら授業を受けたり、あるいは姿勢が悪かったりする子がいます。授業では、画面に顔出しをすることが必須なので、すぐわかります。そういうときは、直接保護者に電話をかけて指導してもらいますが、ただテレワークで忙しい保護者や無関心な保護者もいるので、困る場合もあります。逆に、子どものログインアカウントを使って学習の進捗状況をチェックする保護者もいるのにね…あと、可哀そうなことに、自分の部屋がなく、リビングやキッチンで授業を受ける子もいますね。

　勉強が好きで、できる子はオンラインでも対面でもどのような環境で
も真面目に学習に取り組んでいて、というか、オンライン学習プラット
フォームで自分のペースで学べたり反復学習したりもできるので、学習
効果が逆にアップしますね。一方で、勉強がもともと好きでない子は
ゲームばかりやっていたりしているようですね。コロナ2019の影響で
学力格差が広がるのではないかと心配しています…」

　F先生による話から、パソコンやネット接続機器などのハードウェア
さえあれば、オンライン授業がうまくいくとも限らないことがわかる。

　教員間格差：表13-1で見た通り、指導のためのICT利用の公的研
修を受け、また指導のためのICT利用ができるシンガポール教員の割
合は国際的に見ても高い水準にある。そのうえ、オンライン学習プラッ
トフォームを通して教員同士による意見交換や指導教材の共有もでき
る。しかしF先生が以下に話すように、教員間格差も存在していると
いう。

　「教職課程や研修などでほとんどの教員はICT活用の手法を身につけ
ているので、オンライン授業のためのZoomの使い方などは簡単です
が、いかに多彩なオンライン機能を活かして、工夫して子どもを授業の
内容に引きつけ、エンゲージするかは教員によって差が出ますね…」

　以上の発言から、ハードウェアがあってソフトウェアも用意してあれ
ば、オンライン授業が効果的に行われるとは限らないこともうかが
える。

　学校間格差：さらに、第10章の表10-3に示したようにシンガポー
ルの学校における校長の裁量権が非常に大きいことから、施設設備面の

差は小さいものの、校長の対応によっては学校間格差も現れているとF
先生は以下のように話す。

　「自宅学習期間中に、私の学校では毎朝ブレックファーストセッショ
ンというZoomでの学級交流集会があり、それから週に必ず数回はリア
ルタイムのZoom授業を行って、子どもたちの様子を観察したり、落ち
込んでいる子や元気のない子がいたらケアをしてあげたりしています
が、別の学校に勤めている友達の教員の話によると、その学校ではリア
ルタイムのZoom授業をまったく行わないそうです…校長の教育観と実
行力によって差はありますね…」

　以上から、学校によってニーズが違う可能性があるとはいえ、子ども
に対する心のケア、すなわちハートウェア（Heartware）のメインテナ
ンスと改善もかなり異なることがわかる。

3. 学校教育の未来と可能性

　コロナ2019によって、教育は変化に迅速に対応する変革力が社会全
体で求められている。ポジティブに考えれば、さまざまなリスクや不測
の事態が生じうる現代社会において、コロナ2019が教育に与えた影響
から新たな可能性を見出すことにもつながる。コロナ2019との共生を
模索し始めたシンガポールは「学校教育のレジリエンス」を増強すべ
く、以下の方針がすでに決まっている。

　　<u>自宅学習日の充実と常設化</u>
　2020年6月25日に当時の教育相オン・イェクン氏は、毎年開催され
る、校長と教員を対象とするスクールズ・ワークプランセミナーにおい
て「パンデミックのあるなしに関係なく、月に数回の自宅学習日の実施

は学校のルーティンになるだろう」というビデオメッセージを送った。自宅学習を通して、子どもはより自主性のある自律的学びができ、重要な「生涯学習力」を身につけられるというのが最大の理由である。SARS 以降、全校自宅学習日や自宅教育活動が年 1 回以上実施されてきたシンガポールでは、コロナ 2019 による影響を受けて、その頻度がさらに増加し、質量ともパワーアップしていきそうである。

　自宅学習の常設化について筆者が 2022 年 8 月にシンガポールで調査をしたところ、ある中学校の高学年生徒は以下のように語っていたことが印象に残った。

　「自宅学習日があったほうが、通学時間を節約できますし、授業中の先生の無駄話も聞かなくて済むので、学習の効率が断然に上がります。ただ、低学年の場合は、やはり登校してクラスメイトやスクールメイトと良い関係性を築くことも重要だとは思いますね…」

　また、同調査を通して、自宅学習日の実施にあたって、中学校レベル以上の教育機関では積極的に導入されているものの、小学校については、とりわけ低学年を中心に、教員による指導と働きかけが重要であるとされるため、登校が必須である場合が多いことも確認されている。無論、自宅学習日の設定と実施状況は、各学校の事情の違いから、大きい裁量権を持つ校長による判断が重要であることは言うまでもない。

ブレンディッドラーニングの活用と定着化

　コロナ 2019 以降、シンガポールでよく目と耳にするようになった「**ブレンディッドラーニング**（Blended Learning）」とは、その名の通り複数の学習スタイルを「ブレンド」しながら学んでいく学習方法である。その目的は端的にいえば、今後の月に数回の自宅学習日を通して、

対面型授業とオンライン授業とを組み合わせ、そのうえでオンライン学習プラットフォームを活用しつつ、子どもが自由に学習方法や目標を設定でき、自ら学んでいく姿勢を育むことである。ただ、先述したセミナーでオン教育相が強調したように、**ブレンディッドラーニング**を推し進めていくためには、前節で述べた格差課題を克服することも含め、さらなる「デジタルインクルージョン」を実現していくことは不可欠である。

eスポーツの導入と実用化

コロナ2019下で、学校における部活動がなかなか実施できない中、広がりつつあるのがeスポーツの導入であるとF先生は話してくれた。eスポーツの推進を通して、部活動担当の外部顧問の雇用を保障できるだけでなく、たとえオンラインでも子どもが自らの将来や可能性を発見したり、学校や教室を超えたつながりを持つことによって社会性を鍛えたりする、という部活動本来の目標を達成することができれば、学校におけるeスポーツの展開も新たな挑戦としての位置づけにあるという。

つまるところ、オン教育相が前記のセミナーで語った言葉を借りれば「ポストコロナ2019では、教育は変わるのではなく、もっと良くなるのだ」という新たな目標が定められている。今後、メタバース、AI、AR、VRなども含め、学校現場でのICT技術の活用範囲がいかに広がっていくのか、シンガポールの教育からますます目が離せなくなる。

参考文献

OECD, 2020 "PISA 2018 Results (Volume V): Effective Policies, Successful Schools" OECD Publishing: Paris.

シム　チュン・キャット（2017）「学力格差是正策に向けたシンガポールの取り組み－民族による方針と課題の違い－」『比較教育学研究』第54号、161-173。

シム　チュン・キャット（2019）「シンガポール－落ちこぼれをつくらない都市国家の教育戦略」ハヤシザキカズヒコ・園山大祐・シム　チュン・キャット編『世界のしんどい学校』明石書店、32-47。

シム　チュン・キャット（2022）「シンガポール　新型コロナウイルス禍で変わらぬものと変わりゆくもの」園山大祐・辻野けんま編『コロナ禍に世界の学校はどう向き合ったのか－子ども・保護者・学校・教育行政に迫る－』東洋館出版社、254-270。

学習課題

1．学校におけるコロナ2019感染症への対応が、シンガポールと日本とでどのように異なるかを調べなさい。

2．以上を踏まえ、日本の学校現場が直面している課題を考察しなさい。

14 | コロナ2019が浮上させた デジタル教育と学校のあり方

園山大祐・二井紀美子

《目標&ポイント》 本章のねらいは、日本とは異なるフランスとブラジルのコロナ2019禍の学校教育について知ること。並びに、本書の他国との違いについても理解すること。特に遠隔授業が充実していたのにもかかわらず対面授業に努めたフランスと、対面授業の制限期間が世界有数の長期となったブラジルの特徴との比較から、今後の日本の教育のあり方について検討する。

《キーワード》 コロナ2019、デジタル教育、ICT、遠隔教育、ホームスクール

はじめに

　世界各地で感染が拡大するコロナウイルス2019について、WHO（世界保健機関）のテドロス事務局長が、「新型コロナウイルスはパンデミックと言える」と述べたのは、2020年3月11日のことであった。以後、2023年2月時点までに日本国内でも3200万人の陽性者数、7万人の死者数を数える。総人口が日本の半分であるフランスは、3800万人の陽性者数と16万人の死者数である。一方、日本の約1.8倍の人口を有するブラジルは、3600万人の陽性者数と69万人の死者数となっている。

　収束を遅らせている原因の一つは、ワクチン接種の南北格差にある。テドロス事務局長は2021年12月22日の記者会見にて「来年こそパンデミックを終わらせ、新たな連帯の時代の始まりにしなければならな

い」と述べ、ワクチンの公平な分配に向けて、各国に協力を呼びかけたが、この3年（2020年3月〜2023年2月）をみると世界経済と同様に医療格差が深刻であることは言を俟たない。

　この3年間に世界では、なかでもフランスとブラジルはどのような政策をとってきたのか。我々は何に注意を払い、そこから何を教訓にできるだろうか。フランスが注目に値する理由は、経済協力開発機構（OECD）加盟国で人口1500万人以上の国としては、学校閉鎖期間が最も短い国の一つだからである。その反対に、ブラジルは約10ヶ月に渡る対面授業の完全禁止など、世界でも有数の学校閉鎖期間が長い国である。つまり、対面授業の実施に関して、フランスとブラジルは対照的な措置をとったといえる。

　本章では、教育格差の拡大を避けるために活用されるべき、遠隔・デジタル教育の普及をめぐる諸課題に注目してみたい。教育におけるデジタル化は21世紀において必須の学習活動とされ、日本でもICT教育が小学校から導入され、多くの教科においてデジタル教材の活用がみられる。コロナ2019禍における一斉休校や分散登校によって、否応なしに教員も、生徒も保護者もICTを使用することを強いられたと言ってよい。その結果、果たしてコロナ2019禍以前から存在した格差はどうなったのか。2022年2月時点では十分な研究成果が報告されていないが、いくつかの報告書や研究者より遠隔・デジタル教育の普及をめぐる諸課題に注意が払われているので、本章では、フランスを中心に、ブラジルの事例も含めて概観し、日本への示唆を検討したい。

1. パンデミック宣言後の初年度の取り組みにみる 日本的特徴

　筆者らは、パンデミック宣言後の1年半の教育行政の動向に基づき、

日本と諸外国との異同点を検証する国際比較研究を実施した（園山・辻野編 2022）。後述するように、教育行政の自律性、当事者の参加の保障、休校決定の責任所在、専門機関のプレゼンス、**社会的弱者**への優先対応、教員のエッセンシャルサービスとしての認知、休日の維持といった7項目いずれも日本以外はほぼ行政の対応事項とされていることが判明した（**表14-1**）。本国際比較研究のまとめで辻野は、「グローバルなリスクとしてのコロナ禍が浮き彫りにした日本の教育行政のいびつな姿は、平時においては多くの人々に自明の前提として受け入れられてきたものでもある。（…）突然の休校に困惑し学校の教職員が不満の矢面に立たされる状況も見られたが、そのとき学校自体もまた混乱の最中にあった。法的根拠や疫学的根拠を欠いた首相の休校要請、（…）中央のガバナンス構造や意思決定のいびつさには枚挙に暇がない」ことを指摘している（園山・辻野編 2022: 308-309）。

　その結果、日本では、疫学の専門家の科学的根拠が十分に示されず

表14-1　コロナウイルス2019禍で顕在化した教育行政の特質

	ドイツ	フランス	アメリカ	シンガポール	ブラジル	日本
①義務教育制度の分類	就学義務	教育義務	教育義務	就学義務	就学義務	就学義務
②教育行政の自律性	○	○	△	△	○	×※
③当事者の参加の保障	○	○	○	△	△（州・市によって異なる）	×
④休校決定の責任所在	○	○	○	○	○	×※
⑤専門機関のプレゼンス	○	○	○	○	○	×
⑥社会的弱者の優先対応	○	○	○	○	○	×
⑦教員＝エッセンシャルサービス	○	○	○	○	○	×
⑧休日の維持	○	○	○	○	○	×

○…あてはまる、△…どちらでもない、×…あてはまらない
※建前と実態の乖離が大きい。（筆者作成）
（出所）園山・辻野編（2022: 316-317）を基に作成。

に、政治判断に左右された教育現場と市民は苦労とストレスのたまる3年となった。責任の所在が不明だったり、決定に参加できないしくみに対して保護者や教育現場の当事者が振り回されたことは明らかである。世界中で同時に起きた危機に対して、日本的な同調圧力が強まる中、忖度文化を過度に要求する面を残したままどこまで対応できるのか、感染状況の長期化と相俟って、課題は多い。

2. パンデミック後の政策動向にみるフランス的特徴

（1）なぜ学び続けることができたか？

　フランスでは、2020年3月16日より一斉休校に追い込まれたため、遠隔授業の対応およびコロナ2019禍に応じた態勢と人員が用意された。それに先立ち、ブランケール（Blanquer 2021: 21-27）元国民教育大臣（2017年5月から2022年5月まで）は、3月12日に国立遠隔教育センター（CNED）を訪ね、2019年6月の猛暑による閉校や、2018年9月のグアドループ（フランスの海外県）における台風の被害時の経験を活かして、学校閉鎖に備えた準備をするよう伝え、2020年初期から「自宅学級（Ma classe à la maison)」のプラットフォームが一度に700万人の学齢期の生徒のアクセスに耐えられるか確認をしている。さらにブランケール元大臣は、ユネスコの国際会議において、フランス語圏に対してこのCNEDの教材の提供を約束している（同上：35-36)。このCNEDとは、1939年に第1次世界大戦による教訓から設置され、学校閉鎖中の代替機関として用意されている。3月16日からの休校期間（10週間）は、CNEDによる遠隔・デジタル教育が活用できたため、フランスでは日本のように現場の教員が休校に入るまでの数日の間で教材を用意し、生徒に手渡すということや、休校期間中にデジタル教材を作成することは必ずしも求められなかった。

　そして2020年5月11日より段階的な登校が実施され、6月22日からの2週間は全学年への登校へと拡大された。夏休みは例年通り実施された。また政治から独立した専門機関である国立感染症研究所（パスツール研究所）が、感染症対策に一貫して大きな役割を果たしてきた。2007年に設置された首相府直属の疫学の専門家による高等保健委員会の議定書（2020年6月22日付）および意見書（同年7月7日付）により、教育機関に子どもを受け入れるための規則が定められた。これらは、同年7月10日には政令として施行され、知事の権限において教育機関の閉鎖等（3つの段階に分けられている：緊急時における閉鎖段階、陽性者増加段階、管理可能な段階）について判断できることになっている。その後、同年9月から国民教育省の指針の下、学校は再開された。翌10月より2度目の外出制限措置のなかでも、高等教育以外の学校は基本継続された。それでも、変異種（デルタ株）への対応として2021年4月6日から10日の1週間を遠隔授業に切り替えた。また春休みは全国同一時期の2週間とされた。春休み明けの4月26日からは遠隔授業とされ、5月3日より保育学校と小学校は二部制による対面授業、中等教育については対面と遠隔のハイブリッド授業とした。

　さらに2021年9月の新年度からは、デルタ株への対応が本格化し、4つの段階（緑、黄、橙、赤）を設けている。自治体の保健所からの判断を基に学校の閉鎖を含めた連携をとることになっている。12歳から18歳のワクチン接種は2021年6月15日から行われていて、同年9月15日の学年始で58％が既に2回の接種を終えている。また教員も8割以上が2回接種を完了している。その後、オミクロン株による感染拡大がみられたが、2回のワクチン接種が完了した生徒が増えたことで極力学校を開校し続ける形で、学業の継続と福祉としての機能を維持することが使命とされた。フランスの国民教育大臣が学校の使命を維持するため

に開校を優先事項にした点は、休校が長期化した他の欧州諸国などとは
異なった対応といえる。

（2）コロナ 2019 禍前からの社会経済的に脆弱な生徒への支援

　2020 年 3 月 16 日から 5 月 10 日の初期段階において学校閉鎖が実施
されたにもかかわらず、概ねデジタル教材と遠隔授業をはじめとした対
応が生徒と保護者に一定の成功と満足をもたらしたとされている。フラ
ンスは教育法典第 3 章第 1 節 L.131-2 条によって「**教育義務**」はある
が就学義務が課されていないために、元々存在していた不登校者および
学校嫌い、あるいは、院内学級やホームスクールの約 10 万人と言われ
ていた生徒のために用意された CNED のプログラムが即活用できた点
が功を奏したと言えよう。

　同時に、元々学校が休みの水曜日には、脆弱都市のなかでも特に「80
の教育団地（80 Cités éducatives）」を指定し、3 歳から 25 歳の 54 万人
が課外教育活動に参加してきた[1]。学校−地域（行政・協会等）−家庭
の三者連携を通じた幼児から若者までの安定した健康的な生活の維持と
学業から職業参入に向けた支援が行われている。これら支援活動は勉学
から、健康面、運動、音楽、文化、市民教育など多岐にわたる。なお、
余暇活動は自治体雇用のアニマトゥール（日本の社会教育職員に相当）
が担っている。

　さらに、休暇中の学校開放事業（2003 年 1 月 23 日付通達 2003-008
号）であるが、2019 年度の春休みおよび夏休みだけで、小学生 18 万
7000 人、中学生 2 万 9000 人が利用した。特に夏休みは、3800 校が協力
している。これらは 1 日 3 時間の授業を 5 日間の無償事業として、小学
校 4、5 年生と中学 1 年生を優先的な支援対象とし、2020 年春休みは
25 万人に、夏休みは 50 万人に提供された。夏には、普通・技術高校以

外の、職業高校生も1万5000人が参加し訓練を受けている。

　上述の春期および夏期の休暇中以外では、平時から8月末の新学年前と11月初めの秋休みにも少人数制の補習学習週間として1日3時間の計5日間の学習が用意されている。教員は臨時雇用のため手当てがつく。加えて長期休暇中の林間学校として、5000の事業が展開され、参加費の8割は国家が負担し、経済的に脆弱な家庭を優先している。

　またコロナ2019禍への対応において、大きな力になったのは、学校における障害児童生徒のための支援員がこの4年間で新規に12万人採用され、37万人の生徒に対応してきた点（同上：109）や、小学校の低学年の1、2年生（全体の約4分の1に該当）は学級規模を2020年度に半減（1学級15人程度）させていた点である（同上：101）。

　それでも、この初期段階の一斉休校中に全国平均およそ4から5％の子どもがこれらの恩恵を受けることができなかった。

3. コロナ2019禍の教育状況にみるブラジル的特徴

　コロナ2019禍以前のブラジルの遠隔教育は、高等教育（特に私立の大学）や青年・成人教育を中心に展開されており、例えば2009年の大学入学者のうち遠隔教育コースの学生は16.1％を占めていた。一方、基礎教育（小・中学校）においては対面授業が基本であり、遠隔教育は、健康上の問題や通学できる学校のないところに居住しているなどの理由のある者にかぎり、緊急時の補完措置としてのみ認められていた。そのため、教員も生徒も、遠隔授業を受け入れる準備体制はできていなかった。また中等教育（高校）は、基礎教育同様の扱いが続いていたが、2018年末に、昼間部は20％、夜間部は30％まで、対面授業を遠隔に変更することが認められ、遠隔授業への移行が少しずつ始まっていた。

　ブラジルでは、2020年2月26日に国内最初のコロナ2019の感染例が報告された。2020年3月になると、各州は学校活動の一時停止など対応を始めた。例えばサンパウロ州では、公立学校を3月16日から23日までに段階的に休校させ、23日以降は全面休校とすることを3月13日に決定し、私立学校にも同様の措置を取るよう要請した。国家教育審議会は、3月18日に、コロナ2019禍の基礎教育、中等教育、中等技術専門教育、青年・成人教育、障害児教育（特別教育）における遠隔教育の実施を許可するのは、それぞれの教育機関の管轄する行政（教育局）であるとした。これを受けて、各州では、州教育審議会において、基盤教育（高校以下）の学校における遠隔学校活動の採用を可能にする審議や決議、意見書を作成し、コロナ2019禍の緊急対応時の法的枠組みを早急に整備した。

　学校閉鎖・再開については、医療機関の収容能力と感染拡大状況などのデータを用いて州で基準が作られた。感染状況等に基づく学校閉鎖期間は長期にわたり、2020年に対面の学級活動に復帰した小・中学校の割合は、連邦立で1.6％、州立で14.1％、市立で2.5％、私立で29.1％に過ぎなかった（INEP 2021）。小・中学生の約6割が市立学校に在籍しており、多くの子どもが2020年は対面に戻れなかった。2020年の学年末時点で、6歳から17歳の子ども3690万人のうち、507万人は、学校に通っていない、もしくは教育を受けていない状態にあり、そのうち40％以上が6歳から10歳の子どもであった（UNICEF 2021）。パンデミック前の2019年時点では、4歳から17歳までの子どものうち学校に通っていなかったのは110万人近くであり、そのうち6歳から14歳はほぼ全員就学を達成していたことを鑑みると、学校閉鎖の影響の大きさが分かる。

　学校閉鎖中の2020年には、ほぼすべての市立学校が印刷物を配布し

WhatsApp による指導を行う形式を採用し、さらに70％の学校が授業動画を利用したが、3割の学校が生徒の半分以下しか効果的に遠隔学習を実施できなかったと回答した（UNDIME 2021）。その背景には、家庭でのインターネットアクセスと、学校インフラの問題がある。ブラジルの公立学校において、79％の生徒がインターネットにアクセスできたが、46％は携帯電話経由でしかアクセスできず、61％はパソコンが家庭になかった（UNIDIME 2020）。公立学校の中でも市立学校は特にインフラ整備が遅れており、2021年時点で家庭でのインターネット接続を無料または補助金で提供している学校は、州立21.2％に対し、市立ではわずか2.0％であり、生徒に貸し出せる機器（パソコン、ノートパソコン、スマートフォンなど）がある学校は、州立22.6％に対し、市立は4.3％に過ぎなかった（INEP 2022）。小学校の約7割が市立学校であることから、特に小学生はインターネット接続のための支援を受けられていなかったといえる。パンデミックにより、もともと脆弱な状況で暮らす生徒が、家庭でのインターネットアクセスの不自由によって教育を受ける権利をさらに奪われてしまう結果となったことが分かる。

4. フランスとブラジルの遠隔・デジタル教育から得られた示唆

　ここでは以下、3点について問題提起したい。1つ目は、デジタル資本に起因する学力格差についてである。これまで教育社会学において学力格差の背景として文化資本、経済資本、そして社会関係資本について言及する研究が一般的であったが、このコロナ2019禍において学校（学級）閉鎖等における学びの損失や遅れに対してデジタル教材の提供や、遠隔教育による学校外学習が普及拡大した。こうした取り組みによって、新たにデジタル資本が教育格差の背景となったといえるだろ

う。家庭や生徒、そして教員の持つデジタル資本の多寡による学力格差への影響についても教育上の考慮が必要となる。新たなデジタル資本格差（デジタルディバイド）が拡大しないために何が必要なのか。どのような授業方法であれば資本の量によって学習プロセスや学習成果の質が左右されないのか、むしろ格差を縮小できるかを検討する必要がある。デジタル教材の活用と遠隔教育の普及は、地域間格差や、家庭・学校間格差などを縮小する可能性もあるため、導入のあり方を検討することと、教員の技能育成に向けた研修（初期と現職）が鍵となる。さらには、学校の自律的な経営力、校長のリーダーシップなども大きな課題となる。

　2つ目は、遠隔・デジタル教育のグローバル化がもつ植民地主義的性格についてである。フランスの元国民教育大臣がパンデミック宣言後にユネスコやフランス語圏のネットワークのなかでCNEDの教材の無償提供を約束したことは、緊急時における支援として評価できる一方で、新たな教育による植民地政策とも考えられ、慎重にならなければいけない。すでに教科書のデジタル化によって、教育産業のグローバル化がみられるように、デジタル教材の一層の市場化において、従属関係が強化される危険性がある。これは、いかなる教育においても、国民形成装置としての内容と方法が、隠れたカリキュラムとして、もしくは明示的に記述されていることから完全に免れることは難しい（例えば国際バカロレアでさえも英語圏（英米加）の教育内容と方法から完全に自由とは言えない）だけに重要な視点である。ポストナショナルな公教育のカリキュラム作成こそがデジタル教材や遠隔教育においては、より慎重に吟味される必要があり、第三者による評価は、今後の遠隔・デジタル教育の喫緊の課題と考えられる。

　3つ目として、遠隔・デジタル教育が、子どもの成長にどのような影

響を、どれくらい与えるのか、新たな臨床が必要であろう。年齢に応じ
た1回（1日）の時間数の制限や質的な考慮等も、今後の課題である。
さらには学習効果とは別に人間形成・発達心理における脳科学やAI
（人工知能）の研究と学際的に、発達に応じた教育のデジタル化の可能
性を検討することが求められる（デミュルジェ2019；ドゥアンヌ
2021；斎藤2022）。同時に教員養成の観点でも、教育のデジタル化につ
いて検証が必要となる。教育方法として、アナログとデジタルのバラン
スについて初期養成の段階から教員が自覚的になれるような養成プログ
ラムが必要となる。デジタル教材を民間企業任せにしないためにも、教
員自ら教材制作の経験を積み、民間のデジタル教材を評価する力を育成
することは必須である。民間による教育産業の植民地を回避する上で
も、これからの教員に必要な能力である。

5. コロナ2019禍に学校教育が浮き彫りにした課題

　まず、休校を決定する過程の問題である。
　2020年秋に、フランス国民教育省は、デジタル教材とその活用に関
して全国大会を実施し、この間の状況を把握し、今後の改善点を40項
目にまとめた（MEN 2020a, 2020b）。地方教育委員会毎にも、それぞれ
の課題がまとめられている。この全国大会には、国民議会（下院）、教
育課程高等審議会、過疎地域協議会、教職員組合、全国保護者団体など
からも提案書や調査報告書が提出されていることからも、幅広い意見が
聴取される仕組みが整えられていると言える。ブラジルにおいても、行
政が関係団体から様々な意見を聴取するしくみが作られた。国家レベル
では、連邦・州・市が連携して教育分野におけるパンデミックの影響を
軽減するための政策を議論する組織として、教育省、国家教育審議会、
教育開発基金、ブラジル病院サービス（ブラジル最大の公立病院ネット

ワーク）、国立教育研究所（INEP）、州教育長官全国審議会や市教育局長全国会議（UNDIME）、連邦専門科学技術教育ネットワーク全国評議会、連邦高等教育機関長全国協会などの関係団体の代表者らで構成される、教育省緊急運用委員会が2020年3月11日付で設立された。各州・市においても教育局にコロナ2019対応の特別委員会が設置され、教職員組合など多様な関係団体の代表者が参加した。また、各州・市においては、感染レベルなどと連動して休校期間などの学校対応を教育局が決定するしくみが取られていた。

　他方、本来であれば日本の教育行政は、一斉休校措置は教育委員会に権限があるため、首相の要請だけで、教育委員会の議を経ずに休校措置をとることは違法と言え、非民主的であるため教職員および市民から（基本的な学習権の剥奪・損失に対する）抵抗運動が起きておかしくない事案である（髙橋2021）。2020年6月30日付で国連人権理事会の総会報告書は、こうした休校措置に対して注意勧告をしていて、子どもの権利条約に批准している日本も例外ではない（Conseil des droits de l'homme 2020）。なぜ、首相の要請に全国教育委員会は保健所のデータを確認せずに同調したのか検証が必要である。

　次に、**社会的弱者**や教員への支援についてである。フランスでは、元国民教育大臣の声明や記者会見において、常に**社会的弱者**への注意喚起がされ、障害者、外国人、基礎疾患のある生徒と教職員への細心の配慮を保障するとされてきたことが、その後の政策を方向付けてきた。また休校中においては、課題はあるが生活困窮家庭への給食や朝食の整備、自宅にデジタル環境がない場合の対応（紙媒体の郵送や携帯による通信等）、放課後や休暇中の学童の継続・推進、エッセンシャルな公務員である教職員のPCR検査やワクチン接種を優先するという措置が取られてきた。ブラジルでは、とりわけ生活貧困家庭への支援が目立った。休

校中は、フランス同様に、低所得世帯への給食支援（食料購入費の支給や給食の配布）や自宅にデジタル環境のない生徒への対応（Simカードの支給や印刷教材の配布など）などの措置が取られた。

　さらに、フランスでは、フランスの特長でもある国営企業（郵便局、テレビ、ラジオ等）と、国家公務員であるCNEDの教員による遠隔教材の作成、地方公務員による地域の余暇活動の維持・普及などが、コロナ2019禍の有事に活かされた点も忘れてはならない。遠隔デジタル教材は以前から充実しており、教員や保護者の活用に課題はあるものの、多くはフランスの国立機関による教材作成であり学校のデジタル化における産業化に歯止めをかける可能性は一定程度守られていると評価できる。何よりも、教員の社会的地位と専門性を再評価した国民は多い。教員の給与および社会的地位（園山 2022: 9-22）が低下しつつあるなか、元国民教育大臣時代の国民的討論を通じて、後の大臣においても教員の専門性と社会的地位を高めようと試みている。

　ブラジルでは、コロナ2019による公衆衛生上の緊急事態宣言の終了を2022年5月に政府が発表した。小・中学校は、既にコロナ2019禍以前と変わらず完全対面授業に戻っている。しかし、第9章で紹介した通り、ブラジル社会のデジタル化はすさまじい勢いで進んでいる。デジタル化は果たして教育格差を埋めることができるのか。デジタルデバイスやインターネット接続の有無など生活環境の差が教育を受ける権利の保障の差につながっていかないように、注視する必要があるだろう。

おわりに

　国際機関は、早い段階から学校閉鎖には慎重な態度を示し、可能な限り開校するための環境を整備するよう情報発信に努めてきた。例えば、OECDは2021年に開校に向けた効果的で公正な教育に向けた10の原

則を提言し（OCDE 2021）、国連人権理事会は 2020 年 6 月 30 日付の総会報告書で、コロナ 2019 禍において長期の閉校が学習権の剥奪とならないよう注意勧告を出している（Conseil des droits de l'homme 2020）。その点で、以下にみるフランスの役割は小さくなかったとみてよいだろう。両機関がパリに本部があることも一つだが、フランスのブランケール元国民教育大臣はパンデミック宣言直後にユネスコ本部でオンラインの国際会議に参加し、学校を開き続けるための環境を整えることは、学校の使命であると述べている。学習の損失や遅れを最小限にすること以上に、学校のもつ福祉や健康、あるいは子どもの精神的な支えとして、家庭以外の居場所として学校がもつ機能の重要性を強調している。さらに、元大臣は、初めから**社会的弱者**および障害児童生徒に対して開校を継続すること、また介護や医療従事者の子どもの受け入れに対応することを念頭において、各地域に一定程度開校は必須と考えていたと述べている（Blanquer 2021: 25 - 26, 31 - 32）。疫学的にも、子どもの陽性率の低さと軽症である点など、いち早く情報を収集していることも、こうした決断の背景にあることにも注意を払わなければならない。

　学校の継続という固い信念からは、先進国か発展途上国かという経済水準よりも、一人ひとりの子どもへの責任を自覚しながら教育行政を担う大臣の職責の重みが改めて認識させられる。この教育行政のトップに位置付く大臣の早い情報収集能力と決断は、大統領府にも伝えられ、フランスでは学校の開校と閉校中の地域の余暇活動の継続という点でバランスよく国民教育大臣がリードしたことは特筆に値する。実際の現場において、十分な対応や、人員配置、予算措置等が機能したのかは別の問題としてあるものの、有事の際の国家としての教育行政の機能の特質は、日本と比較しても示唆に富む例として解釈される。有事の際の対応という点では、ブラジルの場合、デング熱やジカ熱、シャーガス病など

様々な感染症がこれまでも大流行した経験があり、感染症拡大予防のために緊急に行政対応をしてきた経験が生かされたといってよいだろう。

　フランスやイギリスなど海外の国では、就学義務ではなく「教育義務」、つまりオンラインの授業、ホームスクールを合法化してきた歴史がある。ヨーロッパでは、1990年代より早期離学（無資格で学齢期を終了）対策として多様なセカンドチャンス教育を認める多様な学び方を認定しようとしている（園山編2021）。ブラジルは、日本と同じく就学義務の国であるが、同時に非識字者や早期離学者を抱えるため、セカンドチャンス教育に相当する青年・成人教育などが整備されてきた。

　翻ってコロナ2019による一斉休校は日本では、どのような課題を浮上させたのか。篠原（2022）によれば、学校教育法施行規則第57条において原則上「教育課程」の「修得」（成績）を重視した「修得主義」の立場にたち、同時に同法第17条に保護者の就学させる義務「年齢主義」が存在し、「年齢」イコール「学年」を重視した「履修主義」に拡張（解釈）されているとする。従って、日本では「年齢主義」と「履修主義」が判例法上形成され、学校現場でも慣習法化されている。コロナ2019禍においては、「通学」と「対面授業」を重視・固定化したため、家庭におけるオンライン学習が保障されなかった経緯がある。コロナ2019は、日本の就学義務および学びの場を近代型の画一の学校（同法第1条）制度に限定し、履修（出席）に拘り続けることの弊害を浮上させた。この間に不登校生徒数が2022年度、過去最高を記録したことも無関係ではないだろう。コロナ2019によって、2021年1月26日の中央教育審議会答申に示された「令和の日本型学校教育」におけるすべての子どもたちの「個別最適な学び」とは何か、再検討を迫られたことは皮肉であるが、世界の学校（ホームスクール・フリースクール・セカンドチャンススクールなどの代替学校）の事例から学ぶ点は多い。

参考文献

斎藤里美 （2022）「エンハンスメントの汎用化は公教育に何をもたらすか」『教育学年報』13 号、世織書房、213-233。

篠原清昭 （2022）「コロナ感染と教育法」『季刊教育法』エイデル研究所、No.212、56-61。

園山大祐編 （2021）『学校を離れる若者たち―ヨーロッパの教育政策にみる早期離学と進路保障―』ナカニシヤ出版。

園山大祐 （2022）「フランスの教師と教師養成の課題」京免徹雄・小畑理香編 『教師の社会学―フランスにみる教職の現在とジェンダー―』園山大祐監修、園山大祐・田川千尋監訳、勁草書房。

園山大祐・辻野けんま編 （2022）『コロナ禍に世界の学校はどう向き合ったのか―子ども・保護者・学校・教育行政に迫る―』東洋館出版社。

髙橋哲 （2021）「教育政策決定におけるセクター／アクター間連携に関する日米比較―コロナ禍において教育行政は誰と協業したのか―」『教育制度学研究』東信堂、28 号、38-54。

デミュルジェ・ミシェル （鳥取絹子訳）（2019＝2021）『デジタル馬鹿』花伝社 .

ドゥアンヌ、スタニスラス （松浦俊輔訳）（2020＝2021）『脳はこうして学ぶ―学習の神経科学と教育の未来―』森北出版。

Blanquer, J.-M. （2021） *École ouverte*. Paris: Gallimard. （学校開放）

Conseil des droits de l'homme （2020） *Droit à l'éducation: effets de la pandémie de maladie à coronavirus sur le droit à l'éducation* （Assemblée générale des Nations Unies, 44e session du Conseil des droits de l'homme, 15 juin-3 juillet 2020, A/HRC/44/39）. New York: Nations Unies. （教育権：コロナウイルスにおけるパンデミックの影響）

IGÉSR （Inspection générale de l'éducation, du sport et de la recherche）（2021） *Les cités éducatives Mission d'appui et d'accompagnement* （rapport IGÉSR no.2021-114）. Paris: MEN, IGÉSR. （国民教育総視学官報告書：教育団地、その使命と支援）

INEP （Instituto Nacional de Estudos e Pesquisas Educacionais Anísio Teixeira） （2021） *Censo da Educação Básica 2020*. Brasília, DF: INEP. （2020 年基盤教育学

校調査）

INEP（Instituto Nacional de Estudos e Pesquisas Educacionais Anísio Teixeira）
（2022）*Censo da Educação Básica 2021.* Brasília, DF: INEP.（2021年基盤教育学
校調査）

MEN（Ministère de l'Éducation Nationale de la Jeunesse et des Sports）（2020a）
*Contribution du Conseil supérieur des programmes aux États généraux du
numérique pour l'éducation, 4-5 nov. 2020.* Paris: MEN.（教育のためのデジタル
の現状について学習指導要領審議会の提案）

MEN（Ministère de l'Éducation Nationale de la Jeunesse et des Sports）（2020b）
40 propositions issues des États généraux du numérique. Paris: MEN.（デジタル
の現状について40の提言）

OCDE（Organisation de coopération et de développement économiques）（2021）
*Une reprise efficace et équitable de l'éducation: 10 principes établis par l'IE et
l'OCDE.* Paris: OCDE.（教育の効率的で公平な再開）

UNIDIME（União Nacional dos Dirigentes Municipais de Educação）（2020）
Desafios das Secretarias Municipais de Educação na oferta de atividades
educacionais não presenciais [https://undime.org.br/uploads/documentos/
php27cdvH_615255051342a.pdf]（accessed on 9 February, 2023）.（市教育局が抱
える非対面教育活動の課題）

UNDIME（União Nacional dos Dirigentes Municipais de Educação）（2021）
Pesquisa Undime sobre Volta às Aulas [https://undime.org.br/uploads/
documentos/php0Sa2CH_61525521f2250.pdf]（accessed on 9 February, 2023）.
（授業再開に関する市教育局長全国会議調査）

UNICEF（2021）*Out-of-School Children in Brazil :A warning about the impacts
of the COVID-19 pandemic on Education.*[https://www.unicef.org/brazil/
media/14881/file/out-of-school-children-in-brazil_a-warning-about-the-
impacts-of-the-covid-19-pandemic-on-education.pdf]（accessed on 8 February,
2023）.

》》**注**

1 2021年には120団地ある（IGÉSR 2021）。2022年度中に200団地70万人に拡大
予定。

学習課題

1．コロナ2019の感染が拡大する中、各国の学校教育はデジタル教育
の導入を一気に進めることになるが、そのメリットとデメリットにつ
いて、あなたの考えを整理しなさい。

2．フランスやブラジルの取り組みから日本が参照できる点は何か、あ
なたの考えを述べなさい。

15 | 総論・世界の学校教育から何を読み解くか

辻野けんま・園山大祐

《**目標＆ポイント**》 本章の目標は、これまで見てきた5か国の学校教育の特質をふまえつつ、国や地方の教育行政と学校との関係を総体的にとらえなおし、さらにはグローバル化する社会の中での公教育のあり方に思考をめぐらすことにある。

《**キーワード**》 教育のスタンダード、学校の役割機能、国民国家、国際機関、ICT教育、教育をめぐる社会的責任、with・postコロナの公教育

はじめに

　このテキストでは、ドイツ、フランス、アメリカ、ブラジル、シンガポールの5か国の学校教育をとりあげてきた。各国の学校教育の様々な違いから、教育そのものの考え方が社会によって異なることに思索を巡らしてみよう。例えば、ドイツでは学校が子どもに宿題を課すことが法規で制限されていたが、なぜだろうか。フランスではいわゆる「**ヘリコプター（モンスター）ペアレント**」が問題化されないのは、いかなるしくみが存在するからだろうか。アメリカの学校で子どもたちに国家への忠誠宣誓を行わせる背景には、どのような社会現実があるからなのだろうか。ブラジルの伝統的な**半日制**学校では、子どもたちがどのような学校生活を送っているのだろうか。シンガポールではなぜ大学に教職課程がないのだろうか。

　以上のような問いには、必ずしも単純明快な解答が存在するわけでは

ないが、本書の第1部と第2部の随所に手がかりが網羅されている。重要なのは、一見すると日本とは異なる教育事情の一つひとつが、実は、その社会の教育制度（第1部）に根を下ろし、生徒・教員・保護者（第2部）という幹から伸びた枝葉でもあることだ。

　以下、本書『世界の学校』の最終章として、学校教育の構造とその特質を問う視角について考えてみよう。第1章では、学校教育への視角として、マクロ・レベルからミクロ・レベルまでの諸相を指摘したが、世界が共通に直面したコロナ2019（第3部）は、思いがけない形で各国の教育制度の特質を白日の下に晒すこととなった。そこで、学校教育をめぐる複雑な構造をコロナ2019から読み解いていこう。

　各国の学校教育には違いばかりがあるのではなく、共通する特質も見いだされる。そもそも、グローバル化する社会において、「国家」を単位とした考察には限界もともなう。一方、公教育の制度は歴史的な経緯から意外なほどに「国家」と深い結びつきをもってきた。

1.　コロナ2019での各国の学校教育

　コロナ2019は、人類に生存の危機をつきつけるグローバルなリスクとなったが、同時に、世界中の国々で学校の閉鎖／再開の混乱による子どもの発達の危機をもたらした。学校を閉鎖した場合に多くの国がとった方策は、従来の教室での授業を一定期間断念して遠隔教育へと切り替えようとするものだった。そのため2020年の第一波の際の学校閉鎖では、多くの国が遠隔教育に対応しきれず、学校も家庭も混乱に陥った。

　「静かに勉強できる場所はどこにあるの？」「兄弟が家にいるときはどうすれば良いの？」「パソコンがないとずっと携帯電話で勉強しないといけないの？」「お父さんかお母さんは家にいて勉強をみてくれないの？」（園山・辻野編2022：153-160）といったドイツの子どもの悩み

は、世界の多くの国々で共通に経験された困難だったのではないだろうか（177 頁）。学校閉鎖期間が長期にわたったブラジルでは、なおのこと多くの子どもたちが十分な教育を受けられなかった（232 頁）。

　しかし、そうした中でも、大きな混乱が回避された例も見られる。シンガポールでは、すでにコロナ 2019 以前の 2002 年 SARS（重症急性呼吸器症候群）以来、年 1 回以上の全校自宅学習日が設定され遠隔教育が行われてきた。そのため、今回のコロナ 2019 においても、遠隔教育への移行が他国に比してスムーズに行われた。それどころかむしろ、世界の国々がコロナ 2019 の第一波の混乱を経験していた 2020 年 6 月にシンガポールでは、教育相みずから「パンデミックのあるなしに関係なく、月に数回の自宅学習日の実施は学校のルーティンになるだろう」とのメッセージを発している（221 頁）。環境整備が追い付かず目前の対応で混迷を極めた日本の状況とも対照的と言えよう[1]。

　世界で最も深刻な被害に見舞われた国の一つとなったアメリカでは、トランプ大統領（当時）の初期対応のまずさがメディアを通じて世界の衆目を集めたが、その陰では各州知事が独自に州内の非常事態宣言を発したりもしていた（195 頁）。同じく被害が甚大だったブラジルでも地方自治の原則が維持された（232 頁）。同時期の日本において法的根拠のない首相の休校要請に全国が一斉に従った状況を鑑みるならば、アメリカ社会のローカル・コントロールやブラジル社会の地方自治とも対照的だったと言えるだろう。

　デジタル教育環境がシンガポールほどに整備されていなかったフランスでも、初期の混乱を相当程度回避している。国立遠隔教育センター（CNED）がかねてから学校閉鎖に備えた準備をしており、そこに協力を求める政策判断も迅速だったために、教師が短期間で教材をまるごと準備したり子どもに手渡したりといった対応に追われる必要も少なかっ

た（228頁）。そもそも、フランスでオンラインの学習コンテンツが準備されていた背景には、就学義務を課さない教育義務の社会ゆえに、学校に通わない／通えない子どものためのオンライン教材が豊富に蓄積されていたからに他ならない。こうした基礎条件があれば、あとはマクロな教育行政上の意思決定により、リスクを低減させることは可能なのである。

2.　教育行政から学校教育を考える意義

「教育は人なり」と言われるとおり、いかに優れた制度を擁していても、子どもに直に接する教員の影響力の大きさは、あらためて指摘するまでもないだろう。しかし、コロナ2019はマクロな社会制度の不備や教育政策の迷走が、いかに深刻な結果をもたらすかという事実も白日の下に晒した。特に、平時には見えにくい、学校教育を指導・助言・援助すべき教育行政の本質が、非常事態において姿をあらわすこととなった（第14章 **表14-1**）。「教育は人なり」という言葉にはマクロな教育行政を見ない危うさもある。

学校の閉鎖と再開に翻弄された子どもたちやその家族、教職員たちを、各国の教育行政はどのように支えようとしたのだろうか。日本では、法的根拠のともなわない首相の休校「要請」、困窮する生活の中で長らく届かなかった給付金、数百億円を投じたともされる布マスクの全世帯2個配布、と初期対応における中央政府の迷走・暴走には枚挙に暇がない。地方政府においても、例えば大阪、東京、宮城の首長らが突如「9月入学制」への移行を主張し始めるなど、問題の本質を取り違えたかのような迷走を見せた。大阪市立木川南小学校の久保敬校長（当時）は、パンデミック下の1年間の学校教育の経験をふまえて市長と教育長に「提言書」を送ったが、「教育委員会の対応に懸念を生じさせ」た等

として訓告処分を受け、地方教育行政のいびつな姿が浮き彫りになった。

　海外でも特にパンデミックの第一波においては混乱を極めた。しかし、必ずしも教育行政のいびつな姿が現出したわけではなかった。ドイツでは、メルケル首相（当時）がテレビ演説で、民主主義国家が個人の自由を制約しなければならない苦悩を真摯にうったえ、世界の人々の共感を呼んだ。緊急事態において法整備が進められつつ、学校教育は既存の法秩序に則り各州の権限が尊重された。これらの対応は、2020年秋以降の第二から三波における混乱回避に明らかに寄与した（第11章）。

　国家レベルの政策決定において専門機関の科学的知見がどの程度重視されたかという点も、国による違いが顕在化した。ドイツのロベルト・コッホ研究所（179頁）、アメリカの疾病予防管理センター（197頁）、フランスの国立感染症研究所（パスツール研究所）（229頁）、ブラジルのエヴァンドロ・シャーガス国立感染症研究所の科学的知見は政策決定を基礎づける大きな役割を果たしたが、日本では対照的に政治・行政の優位性によって専門機関のプレゼンスは後景へ退き、諸外国とは対照的な状況を示した。なお、シンガポール（211頁）は日本と同じく政治・行政の優位性を特徴としたが、多省庁タスクフォースによって対策が進められ、世界的に話題にもなった首相スピーチが象徴するように国民に対する説明の丁寧さには大きな違いを指摘せざるをえない。平時には見えにくい特質だからこそ、そのあり方が市民社会から常に問いただされる必要はあるだろう。

　本書第2部では「生徒・教員・保護者」をとりあげたが、これらの当事者の教育参加が制度化されているかや、そもそも各主体の意思が教育行政において尊重されているか、といった点は、非常時のみならず平時においても核心的に重要な問いと言える。コロナ2019を例にとるなら

ば、例えば、①政策決定の機関（休校判断や教育課程基準の弾力化）、②政策の主要アクター（専門機関のプレゼンス）、③中央―地方関係（地方自治の強弱）、④教育行政の自律性（政治従属の程度）、⑤学校の自律性（教育行政における裁量）、⑥教員の位置づけ（エッセンシャルサービスやワクチン優先接種）、⑦義務教育制度（就学義務か教育義務か）、⑧ホームスクールの有無、⑨学校外の教育機会（家庭負担の地域分散の度合い）、⑩教育行政外のアクター（当事者の教育参加や民間アクター）、⑪**社会的弱者**への政策対応、⑫ICT化、などが決定的に重要な違いをもたらした（園山・辻野編 2022: 307-309 第14章 **表14-1**）。

　付言すれば、諸外国で見られたコロナ事由による教員の出勤拒否は日本では見られず、諸外国で教員がエッセンシャルサービスとしてワクチン優先接種の対象とされるも日本ではそうならなかった。中央―地方関係における教育の地方分権や、政治や一般行政との関係における教育行政の相対的な自律性といった制度も、日本では非常事態に面して建前がもろくも崩れ上意下達の実体が姿を現してしまった。このような状況で「教育は人なり」と主張することは、むしろ危険でさえあると思われるのは筆者のみだろうか。

3.　国際比較から見える公教育制度の特質

　教育制度とは目に見えないものであり、多くの人々の関心を集めにくいものでもある。しかし、日常、衆目を集めない対象にこそ関心を向け、それに分析的な眼差しをもてるということが、教育学を学ぶ意義にもつながる。本書第1部で5か国の教育制度を取り上げたが、それを参考に分析的な眼差しを磨いてほしい。諸外国を礼賛したり日本の状況を卑下する必要はなく、逆に、社会のインサイダーには日常当たり前のこととして見過ごされがちな「常識」が実は国際比較からみると特殊であ

ることに目を向けることが重要になる。「常識」こそが省察され改善されるべきものだからだ[2]。

フランスでは、教員の人事権や教育課程の基準設定は国の所管でありながら、設備や物的機能は学校種に応じて地方、県、市町村に分かれていた（第2章 **表2-1**）。また、実際の学校の管理・運営・経営は、多様な当事者代表からなる「学校評議会」や「管理評議会」が深く関わり執り行われていた。このような構造からは、集権主義的な統治体制と民主主義的な経営体制という両面の特質が複雑に絡み合っていることが分かる（第2章）。

教育行政の制度において、対照的に徹底した分権制をとるアメリカでは、州や学区を中心とするローカル・コントロールの原則がとられている。アメリカの学区には課税権が認められ、いわゆる教育税を徴収できる点からも、一般行政から独立した学区教育委員会の権限の大きさが見て取れる。しかし、そのアメリカにおいても2000年代以降に連邦政府の権限が強化され中央集権化が進んでいった。学力テストを基軸とする選択と評価、アカウンタビリティ（結果主義）、財政誘導などが新自由主義の潮流をつくり出している（第3章）。

ただし、フランスやアメリカでは、ホームスクーリングをはじめ「学校に通わない権利」も保障されている点には留意を要する。これは、義務教育制度が就学義務ではなく教育義務をとることにも由来するが、就学義務をとる日本からはその制度現実を理解することが容易ではない。フランスにおける公教育は「国民統合装置」とされ、「フランス語を介してフランス人化」することが目指されていたが（第2章）、教育義務をとることで「国家教育を拒否する権利」が保障されていると見ることも可能だろう。この点は、就学義務をとるドイツやブラジルの制度とは一線を画している。また、シンガポールの就学義務はそもそも小学校段

階だけであり、その小学校段階においても条件付きでホームスクーリングも認められている。

　ドイツにおける国家の学校監督（第1章）、フランスにおける全国教育課程基準と国家統一試験（第2章）、ブラジルにおける国家教育計画（第4章）、シンガポールにおける国家統一試験としての小学校修了試験（第5・10章）などに象徴されるように、国家は公教育制度に強く関心を寄せ、実際にも強い影響を与えている。日本でも、学習指導要領が全国津々浦々の学校の教育課程基準とされていたり、全国学習状況調査のような国家規模のテスト政策が執られている現実も、公教育と国家の密接な関係を示している。

4.　グローバル化する社会における公教育と国家

　コロナ2019は、人間の生命を脅かすリスクであると同時に、教育においては子どもの成長をいかに支えるのかをめぐる難題を突き付けた。学校を閉じるべきか開くべきか。家庭で子どもの学習を誰が支えるのか。ICT機器やインターネット環境が整わない家庭をどう支援すべきか。そもそも学校の閉鎖や再開の決定は誰がおこなうのか。学校単位では対応しきれない問題を中央・地方の教育行政がどう役割分担しながら解決するのか。これら多岐にわたる問題は、世界の国々が悩み、試行錯誤を続けてきたものでもある。

　コロナ2019は短期間のうちに世界数百万人の命を奪い去るという異次元のリスクとなった。貧富を問わずあらゆる人々に襲いかかる現代のリスク社会を、貧困問題は階級的だが環境汚染は民主的であるとのレトリックから喝破したのはU.ベックであった[3]。コロナ2019は、政府首脳や富裕者たちも逃れられなかった点で、あらゆる人間にふりかかる現代のリスク社会に加えられる。しかし、現代科学の粋を集めてもワクチ

ンや治療法の開発が追いつかず、ようやく前進をみたかと思えばウイルスが次々に変異し人類を翻弄するコロナ 2019 は、まさにグローバルなリスクの最たる例だろう。

　パンデミックからおよそ 2 年の歳月を経て、次第にワクチンの普及が進み始めた頃、今度はロシアがウクライナに侵攻するという新たな異次元リスクが勃発した。ウクライナの日常生活は一変し、国を追われた多くの人々が難民化し、戦闘地域の凄惨な状況が SNS でリアルタイムに世界へ伝えられた。これが異次元のリスクであるのは、2 国間関係にとどまらず、軍事支援をはじめ多くの国々を巻き込んで泥沼化していること、さらには食料・エネルギー問題を世界規模で引き起こしていることに象徴されている。現代社会がいかにグローバル化しているかを、コロナ 2019 とはまた違う角度から突き付けたとも見ることができる。

　このようにグローバル化が浸透した社会における公教育は、いかにあるべきだろうか。グローバルな異次元のリスクに世界が連帯して向き合えるような公教育へと向かっているだろうか。そうではなく、グローバル化の中でも国家が教育現場における愛国心を強調し、学力の国際ランキングに一喜一憂し、「国民」としてのアイデンティティ形成に執着する教育が展開されているのだろうか。

　実際のところ、グローバル化の中でさえ国家はその存在感を希薄化させていないばかりか、教育の世界においてその存在感を強めてさえいると指摘されている[4]。国家は、家族や学校、宗教などの社会装置を通じて国民を作り上げるのであり、国民が国家をつくっているのではないともされる[5]。

おわりに

　2022 年に公開された映画『教育と愛国』（斉加尚代監督）は、日本の

学校教育の裏側がいかに政治化されているのかを告発し、大きな反響を呼んだ。教育と政治の関係性をめぐる問題は、グローバル化する社会の中で多くの国々が抱える古くて新しい問題とも言える。

　20世紀に二度の世界大戦と冷戦とを経験した人類は、世紀末には21世紀こそ平和な社会を築き上げるだろうとの期待を抱いたが、その理想は今世紀前半に早くも打ち砕かれた。冷戦終結後の世界が、東西のイデオロギー対立にとってかわり「自分自身は何者なのか？」という「文明の衝突」となることを予言したのはS.ハンチントンだった[6]。また、T.アドルノはナチズムの教訓から文化こそが暴力であるとし、ノーベル経済学賞を受賞したA.センはアイデンティティが人を殺すこともできるとその暴力性を描き出した[7]。

　グローバル化する社会において、国家は国際競争における生存をかけて公教育に活路を見出す時代へと入り、学校で子どもたちが形成しているアイデンティティの実体は、「私は何者なのか」というかけがえのない自己への問いではなく、「私たちは何者なのか」という集団化されたそれなのかもしれない。教育が「国際化」されず巧妙に「国家化」されているとするならば、「国民」や「国家」という「想像の共同体」（B.アンダーソン）のもとで人類が殺し合い、あるいは自らすすんで死んでいった歴史が教訓とされるべきだろう[8]。

　われわれがグローバル社会の市民であろうとしないで「国民」であろうとするかぎり、アイデンティティをめぐる争いは終焉をみることがない。本書『世界の学校』が、現代社会の教育課題を読み解く視角を磨く一助になればと願う。

参考文献

園山大祐・辻野けんま編（2022）『コロナ禍に世界の学校はどう向き合ったのか──子ども・保護者・学校・教育行政に迫る』東洋館出版社。

〉〉注

1　前川喜平（2022）『コロナ期の学校と教育政策』論創社、に詳しい。
2　教育学のなかで特に国際比較研究を中心的に扱うのは「比較教育学」と呼ばれる領域である。M. ブレイ著／馬越徹・大塚豊監訳（2005）『比較教育学─伝統・挑戦・新しいパラダイムを求めて』東信堂、馬越徹（2007）『比較教育学─越境のレッスン─』東信堂、市川昭午（1988）『教育システムの日本的特質─外国人がみた日本の教育─』教育開発研究所、など参考書籍が多数ある他、『比較教育学事典』（日本比較教育学会編／2012年／東信堂）も公刊されている。また、研究の方法論に関しては、日本比較教育学会の紀要『比較教育学研究』第57号（2018年／東信堂）に特集が組まれており参考になる。
3　ウルリヒ・ベック著／東廉・伊藤美登里訳（1998）『危険社会──新しい近代への道』法政大学出版局、に詳しい。
4　アンディ・グリーン著／大田直子訳（2000）『教育・グローバリゼーション・国民国家』東京都立大学出版会、に詳しい。
5　姜尚中（1996）『オリエンタリズムの彼方へ』岩波書店、に詳しい。
6　アメリカの国際政治学者サミュエル・ハンチントン著／鈴木主税訳（1998）『文明の衝突』集英社、に詳しい。
7　アマルティア・セン著／大門毅監訳／東郷えりか訳（2011）『アイデンティティと暴力─運命は幻想である』勁草書房、に詳しい。
8　ベネディクト・アンダーソン著／白石隆・白石さや訳（2007）『定本 想像の共同体』書籍工房早山、に詳しい。

学習課題

1．コロナ2019によって浮き彫りになった各国の教育行政の特質をふ
　まえながら、国際的な視角から日本の学校教育の現状がどのように問
　い直されるか、あなたの考えを整理しなさい。
2．義務教育制度には就学義務と教育義務という違いがあることをふま
　え、グローバル化する社会のなかで国家が就学義務を課すことの正当
　性の限界について、あなたの考えを整理しなさい。

資料

資料1　日本の学校系統図（2021年度）

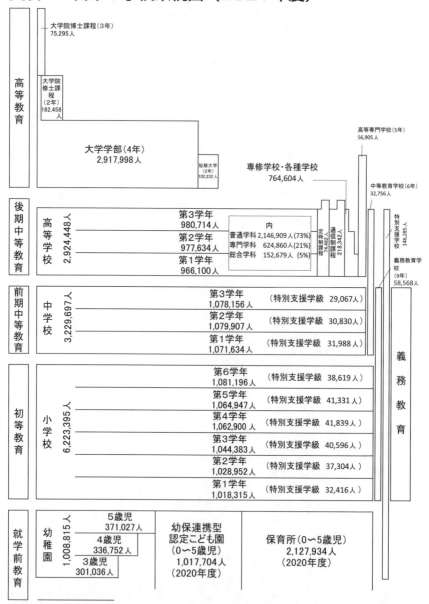

出典：学校基本調査報告書（2021年度）、認定こども園に関する状況について（令和2年4月1日時点）、
　　　保育所等関連状況取りまとめ（令和2年4月1日）

資料2　ドイツの学校系統図（2022）

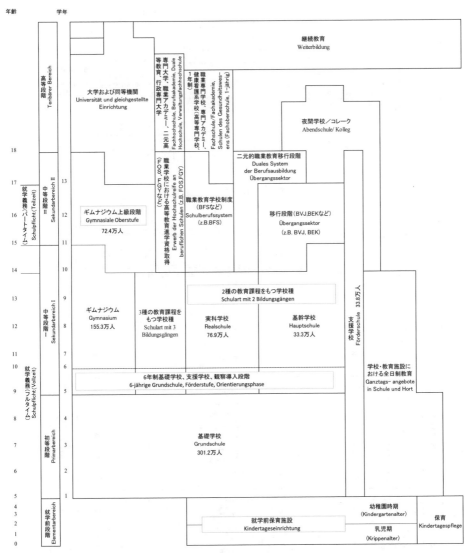

出典：BMBF,https://www.datenportal.bmbf.de/portal/de/K232.htmlを元に作成
（注）学校制度が州ごとに異なるため、統計値は概数

資料３　フランスの学校系統図（2021年度）

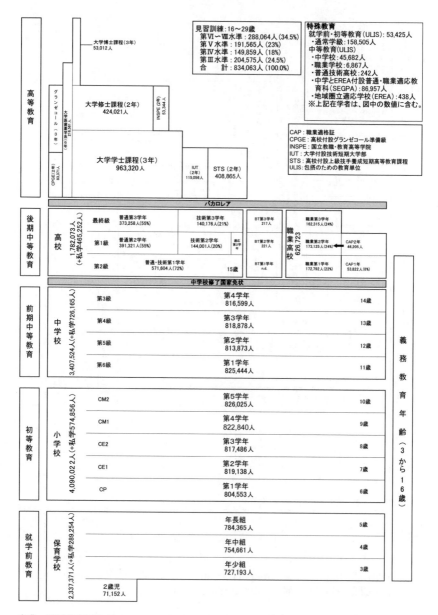

出典：DEPP-MEN, *Repères & références statistiques 2022*、*Note d'information*, No.22.38, 2022

資料４ アメリカの学校系統図（2020年度）

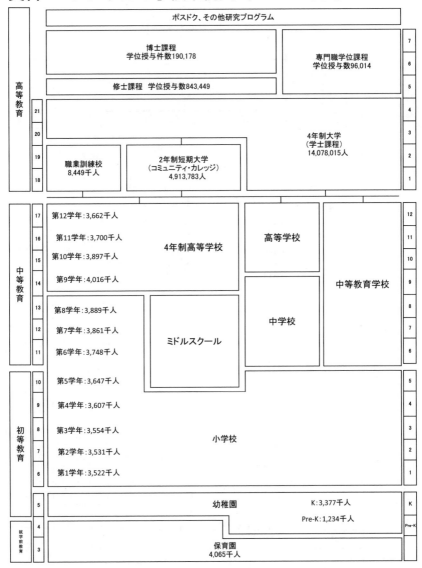

出典：NCES, U.S. Department of Education, (2021) Digest of Education Statistics 2019, 55th Edition
NCES, U.S. Department of Education, (2012) National Postsecondary Student Aid Study 2011–2012

資料5　ブラジルの学校系統図（2021〜2022年度）

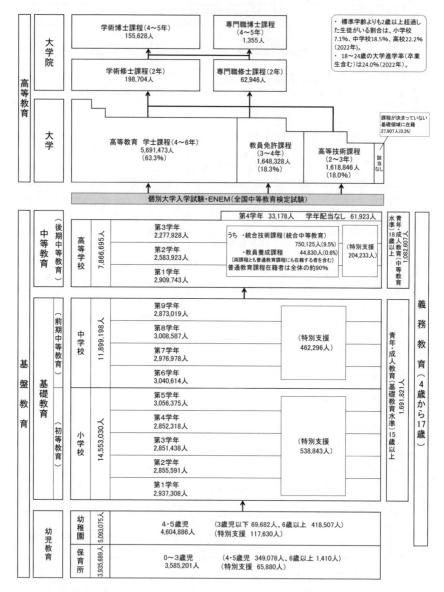

出典：INEP(2023)Sinopse Estatística da Educação Básica 2022, INEP(2022)Sinopse Estatística da Educação Superior 2021, CAPES– Coordenação de Aperfeiçoamento de Pessoal de Nível Superior(2022)Sucupira: Coleta de Dados, Discentes da Pós-Graduação Stricto Sensu do Brasil.

資料6　シンガポール教育制度の略図

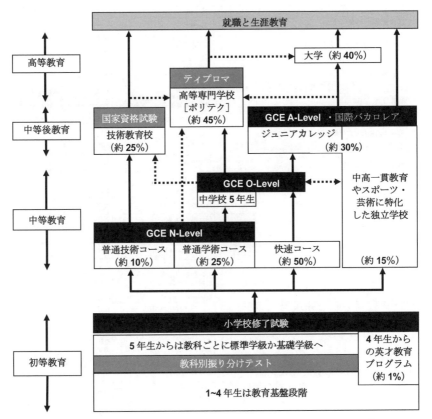

出典：シンガポール教育省統計ダイジェスト（Education Statistics Digest）2022年版を
　　　参考に筆者が作成
注：（ ）内の％は同年齢層のおおよその進学率

資料7　主な統計にみる教育比較（OECD：2022年度版）

		日本	ドイツ
1	総人口（2019）（千人）	126, 167	83, 093
2	国内総生産（GDP）（2019）	556, 843, 150（百万円）	3, 473, 350（百万ユーロ）
3	対GDP比教育支出（2019）（%）	初等中等教育 2.6 高等教育 1.4 全段階 4.0	初等中等教育 2.9 高等教育 1.3 全段階 4.3
4	行政単位	都道府県：47 市町村：1,724	州：16 自治体（ゲマインデ）：10786
5	教育行政（2019年）	文部科学省 都道府県教育委員会：47 市町村教育委員会：1,809	州文部省：16（教育行政のしくみは各州で異なるが、上級・下級学校監督庁を複数もつ州が多い。）
6	教員1人あたり生徒数（2019）（人）	初等教育 15.9 前期中等教育 12.9 後期中等教育 11.6 高等教育 m	初等教育 15.1 前期中等教育 12.9 後期中等教育 12.4 高等教育 11.9
7	女子教員の比率（2019）（%）	初等教育 64.4 前期中等教育 43.0 後期中等教育 30.8 高等教育 28.4	初等教育 87.4 前期中等教育 66.4 後期中等教育 56.3 高等教育 39.5
8	年間教員給与（2021）（US ドル） ※ブラジルは2019	初等教育 初任給：29,820 勤続15年：49,356 最高給与：61,067 前期中等教育 初任給：29,820 勤続15年：49,356 最高給与：61,067 後期中等教育 初任給：29,820 勤続15年：49,356 最高給与：62,670	初任給：69,599 勤続15年：85,049 最高給与：90,970 初任給：77,358 勤続15年：92,566 最高給与：100,962 初任給：80,911 勤続15年：95,933 最高給与：110,050
10	総就学率（2019年）	就学前教育：86.7（2015年） 初等教育：97.8 前期中等教育：98.1 後期中等教育：103.6 高等教育：64.6	就学前教育：72.3 初等教育：102.5 前期中等教育：97.9 後期中等教育：96.8 高等教育：73.5
11	高等教育卒業者の専攻分野別・男女別割合（2019年）（%）	女 教育：12.8 芸術・人文科学：20.8 社会科学・ジャーナリズム・情報：7.0 商学・行政学・法学：15.5 科学・工学・数学：7.4 保健・福祉：21.2 その他：15.2 男 教育：5.0 芸術・人文科学：9.5 社会科学・ジャーナリズム・情報：7.4 商学・行政学・法学：24.8 科学・工学・数学：35.6 保健・福祉：10.7 その他：7.1	教育：15.9 芸術・人文科学：14.1 社会科学・ジャーナリズム・情報：9.3 商学・行政学・法学：26.8 科学・工学・数学：19.2 保健・福祉：10.2 その他：4.6 教育：3.6 芸術・人文科学：6.1 社会科学・ジャーナリズム・情報：4.5 商学・行政学・法学：22.3 科学・工学・数学：54.1 保健・福祉：4.1 その他：5.2
13	消費者物価指数（2010年＝100）	2005年 100.4 2010年 100 2015年 103.6 2017年 104.0	2005年 92.5 2010年 100 2015年 106.9 2017年 109.3
14	失業率（2022年）（%）	2.5	2.7

【出典】
"Education at a Glance 2022" https://doi.org/10.1787/
（注）m＝データが得られない。

フランス	アメリカ	ブラジル	シンガポール
67,624	328,527	210,147	5,637（2022）
2,437,635（百万ユーロ）	20,949,871（百万USドル）	7,389,131（百万レアル）	396,987（百万USドル）
初等中等教育 3.6 高等教育 1.5 全段階 5.2	初等中等教育 3.5 高等教育 2.5 全段階 6.0	初等中等教育 m （4.1/2018年） 高等教育 m(1.4/2018年) 全段階 6.0(6.2/2018年)	初等中等教育 m 高等教育 m 全段階 2.8（2021）
18の地域圏、101の県、1,253の市町村広域連合体、3万4,945の市町村（コミューン）	50州 3,031郡 19,495市区町村	26州および1連邦直轄区、5568市（ムニシピオ）および2団体	都市再開発庁に規定される30以上の「エリア」はあるものの、基本的に都市国家
国民教育省、高等教育研究省 地域圏大学区：16	連邦教育省 州教育省：50 学区：13349	教育省（MEC）、国家教育評議会（CNE） 州教育局（SEE）：27 市教育局（SME）：5568	教育省
初等教育 18.8 前期中等教育 14.5 後期中等教育 11.3 高等教育 17.0	初等教育 15.2 前期中等教育 15.2 後期中等教育 15.1 高等教育 13.6	初等教育 23.9 前期中等教育 24.8 後期中等教育 22.8 高等教育 23.7	初等教育 14.4 前期中等教育 12.1 後期中等教育 m 高等教育 m
初等教育 83.5 前期中等教育 60.2 後期中等教育 59.8 高等教育 44.9	初等教育 86.8 前期中等教育 66.8 後期中等教育 58.1 高等教育 50.2	初等教育 88.2 前期中等教育 66.3 後期中等教育 57.4 高等教育 46.2	初等教育 80.9 前期中等教育 63.3 後期中等教育 56.5 高等教育 37（世界銀行）
初任給：32,619 勤続15年：40,043 最高給与：57,885	初任給：42,723 勤続15年：63,531 最高給与：74,214	初任給：14,345 勤続15年：m 最高給与：m	初任給：$2,810 to $3,650 勤続15年：m（キャリアトラックと評価による） 最高給与：m（同上）
初任給：35,709 勤続15年：43,133 最高給与：61,282	初任給：43,466 勤続15年：67,626 最高給与：77,596	初任給：14,345 勤続15年：m 最高給与：m	初任給：$2,810 to $3,650 勤続15年：m（同上） 最高給与：m（同上）
初任給：35,709 勤続15年：43,133 最高給与：61,282	初任給：43,438 勤続15年：66,750 最高給与：76,055	初任給：14,345 勤続15年：m 最高給与：m	初任給：$2,810 to $3,650 勤続15年：m（同上） 最高給与：m（同上）
就学前教育：106.2 初等教育：102.5 前期中等教育：101.5 後期中等教育：108.0 高等教育：68.4	就学前教育：n 初等教育：101.0 前期中等教育：102.4 後期中等教育：97.8 高等教育：87.9	就学前教育：58.0 初等教育：107.4 前期中等教育：109.9 後期中等教育：96.4 高等教育：55.1	就学前教育：77.2 初等教育：100.7 前期中等教育：101.0 後期中等教育：108.4 高等教育：91.1
教育：5.7 芸術・人文科学：10.7 社会科学・ジャーナリズム・情報：9.2 商学・行政学・法学：36.3 科学・工学・数学：14.6 保健・福祉：18.9 その他：4.7	教育：8.7 芸術・人文科学：20.0 社会科学・ジャーナリズム・情報：6.0 商学・行政学・法学：16.2 科学・工学・数学：11.6 保健・福祉：24.1 その他：6.1	教育：24.7 芸術・人文科学：3.4 社会科学・ジャーナリズム・情報：6.0 商学・行政学・法学：30.1 科学・工学・数学：10.8 保健・福祉：20.1 その他：4.9	女性の比率： 教育：87.0 芸術：59.4 人文／社会科学・ジャーナリズム・情報：66.5 商学・会計・行政学・法学：55.6 科学・工学・IT・数学：34.2 保健・福祉：74.1 医学：50.3 その他：57.2
教育：2.1 芸術・人文科学：5.8 社会科学・ジャーナリズム・情報：5.4 商学・行政学・法学：32.3 科学・工学・数学：40.0 保健・福祉：8.2 その他：6.1	教育：3.2 芸術・人文科学：18.5 社会科学・ジャーナリズム・情報：9.7 商学・行政学・法学：22.9 科学・工学・数学：30.1 保健・福祉：7.7 その他：7.7	教育：12.0 芸術・人文科学：3.8 社会科学・ジャーナリズム・情報：3.7 商学・行政学・法学：33.9 科学・工学・数学：30.0 保健・福祉：10.8 その他：5.8	
2005年 92.7 2010年 100 2015年 105.6 2017年 106.9	2005年 89.6 2010年 100 2015年 108.7 2017年 112.4	2005年 79.6 2010年 100 2015年 138.4 2017年 155.7	2005年 88.0 2010年 100.0 2015年 113.2 2017年 113.3
6.3	3.0	7.0	2.5

Education at a Glance 2021,p.209, https://www.oecd-ilibrary.org/docserver/b35a14e5-en.pdf?expires=1675141677&id=id&accname=guest&checksum=D2EB53FE4EB1F52787D79AF178B307D4

財務省「主要国の消費者物価指数」https://www.mof.go.jp/pri/publication/zaikin_geppo/hyou/g794/794_12.xls

* ILOSTAT explore"https://www.ilo.org/shinyapps/bulkexplorer54/?lang=en&segment=indicator&id=UNE_2EAP_SEX_AGE_RT_A

"CAVALCANTI, L; OLIVEIRA, T.; SILVA, B. G. Relatório Anual OBMigra 2022. Série Migrações.

Observatório das Migrações Internacionais; Ministério da Justiça e Segurança Pública/

資料8　国公立学校の必修授業時間及び標準授業時間（2021）

	必修カリキュラムの年間平均授業時間数		標準年間平均授業時間数	
	初等教育	前期中等教育	初等教育	前期中等教育
日本	778	890	778	890
ドイツ＊	725	725	900	900
フランス	864	864	958	1237
アメリカ＊	973	m	1022	m
ブラジル＊	800	800	800	800
シンガポール	m	m	m	m

Education at a Glance 2021,p.342, https://www.oecd-ilibrary.org/docserver/b35a14e5-en.pdf?expires=16
75141677&id=id&accname=guest&checksum=D2EB53FE4EB1F52787D79AF178B307D4

(注)
シンガポールについては、学校のニーズによって校長が決める場合が多く、また生徒が受ける授業のレベル
や履修できる科目数によっても差がある。
m＝データが得られない。
＊2020年
ドイツは、義務教育の最終学年を除く。
標準授業時間とは、必修授業時間の最大時間を合算した時間数をさす。

資料9 必修授業時間に占める教科別授業時間数の割合（2021）

	初等教育						前期中等教育					
	日本	ドイツ	フランス	アメリカ	ブラジル	シンガポール	日本	ドイツ	フランス	アメリカ	ブラジル	シンガポール
国語	23	27	38	m	m	m	12	13	16	m	m	m
算数・数学	16	21	21	m	m	m	12	13	14	m	m	m
理科	7	4	7	m	m	m	12	11	12	m	m	m
社会	6	6	3	m	m	m	11	11	12	m	m	m
第二言語	3	5	6	m	m	m	13	12	12	m	m	m
その他の言語	a	a	a	m	m	m	a	6	7	m	a	m
保健体育	10	11	13	m	m	m	10	8	12	m	m	m
芸術	12	13	8	m	m	m	7	9	8	m	m	m
宗教・倫理・道徳教育	3	6	4	m	m	m	3	5	x(4)	m	m	m
情報通信技術（ICT）	a	0	x(2,3)	m	m	m	a	1	x(17)	m	m	m
科学技術	a	2	x(3)	m	a	m	3	2	4	m	m	m
職業技能	a	0	a	m	a	m	a	2	1	m	m	m
その他	13	4	a	m	a	m	12	2	a	m	m	m
時間配分が柔軟な必修教科	7	a	a	m	a	m	5	a	a	m	m	m
生徒が選択する必修教科	a	1	a	m	m	m	a	4	a	m	m	m
学校が選択する必修教科	a	a	a	m	m	m	a	a	a	m	m	m
必修カリキュラム合計	100	100	100	m	m	m	100	100	100	m	m	m

Education at a Glance 2021,p.344‑345,https://www.oecd‑ilibrary.org/docserver/b35a14e5‑en.pdf?expires=1675141677&id=id&accname=guest&checksum=D2EB53FE4EB1F52787D79AF178B307D4

（注）
a= 分類があてはまらないためデータが適用できない。
m= データが得られない。
x= 同じ表の別カテゴリー、もしくは縦列にデータが含まれている（例えば、x（2）となっている場合、同じ表の第2列にデータが含まれていることを意味する）。

索引

●配列は五十音順、＊は人名を示す。

分担執筆者紹介 |

（執筆の章順）

髙橋　哲（たかはし・さとし）　　・執筆章→第3・8・12

	埼玉県浦和市に生まれる
2008年	東北大学大学院教育学研究科博士後期3年の課程修了　博士（教育学）
現在	大阪大学大学院人間科学研究科　准教授。
職歴	日本学術振興会特別研究員PD（一橋大学）、中央学院大学商学部専任講師、埼玉大学教育学部准教授、コロンビア大学客員研究員（フルブライト研究員）を経て、2023年4月より現職。
専門分野	教育法学
主な研究領域	教師の労働条件、子どもの教育を受ける権利、日米の教育改革
主要業績	・単著

『聖職と労働のあいだ―「教員の働き方改革」への法理論―』（岩波書店、2022年）

『現代米国の教員団体と教育労働法制改革―公立学校教員の労働基本権と専門職性をめぐる相克―』（風間書房、2011年）

・共著

『コロナ禍に世界の学校はどう向き合ったか―子ども・保護者・学校・教育行政に迫る―』（東洋館出版社、2022年）

『コンメンタール教育基本法』（学陽書房、2021年）

『世界のテスト・ガバナンス―日本の学力テストの行く末を探る―』（東信堂、2021年）

The History of Education in Japan: 1600-2000（Routledge、2016年）

・共訳

『アメリカ教育例外主義の終焉―変貌する教育改革政治―』（東信堂、2021年）

『アメリカ教育改革のポリティクス―公正を求めた50年の闘い―』（東京大学出版会、2018年）

二井紀美子 (にい・きみこ)

・執筆章→第4・9・14

	愛知県に生まれる
2005 年	名古屋大学大学院教育発達科学研究科博士後期課程単位取得満期退学　博士（教育学）
現在	愛知教育大学教育学部准教授
職歴	日本学術振興会特別研究員（PD）、浜松学院大学現代コミュニケーション学部専任講師、愛知教育大学講師を経て、2011 年より現職。
専門分野	比較教育学、社会教育
主要テーマ	ブラジルの教育、ポルトガルの教育、外国人・移民の教育
主要業績	「ブラジル　対面授業再開までの長い道のり」（園山大祐・辻野けんま編『コロナ禍に世界の学校はどう向き合ったのか―子ども・保護者・学校・教育行政に迫る』東洋館出版、2022 年、271－286頁）

「発達の『気になる』外国にルーツをもつ幼児の行動特徴と属性」『愛知教育大学研究報告教育科学編』（愛知教育大学、第71輯、2022 年、96－104頁）

「外国人の子どもの教育保障に関する一考察―施策動向と就学の義務化をめぐる議論を中心に」『日本教育政策学会年報』（日本教育政策学会、第27号、2020 年、39－52頁）

"Adult Education Focusing on Literacy: A Comparative Analysis of Three Models in Brasilia" Maruyama, Hideki(ed)*Cross-Bordering Dynamics in Education and Lifelong Learning: A Perspective from Non-Formal Education*（Routledge, 2019, pp.48－62）

「ポルトガルの移民と教育―早期離学問題を考えるために―」『愛知教育大学研究報告　教育科学編』（愛知教育大学、第67輯－Ⅰ、2018 年、65－73頁）

「ブラジルにおける外国人移民と教育課題」杉村美紀編『移動する人々と国民国家―ポスト・グローバル化時代における市民社会の変容』（明石書店、2017 年、141－161頁）

「日本の公立学校における外国人児童生徒教育の理想と実態―就学・卒業認定基準を中心に―」『比較教育学研究』（日本比較教育学会、第51号、2015 年、3－14頁）

シム　チュン・キャット (Sim, Choon Kiat)

・執筆章→第5・10・13

	シンガポールに生まれる
2008 年	東京大学大学院教育学研究科博士後期課程修了
	博士（教育学）
現在	昭和女子大学人間社会学部・現代教養学科教授
職歴	シンガポール教育省・技術教育局政策企画官、カリキュラム開発部課長、日本学術振興会外国人特別研究員（東京大学）、昭和女子大学准教授を経て現職。
専門分野	教育社会学
主な研究領域	メリトクラシー、学歴競争、学力格差、少子化と教育
主要業績	・単著

『シンガポールの教育とメリトクラシーに関する比較社会学的研究 －選抜度の低い学校が果たす教育的・社会的機能と役割－』（東洋館出版社、2009 年）

・共著

『ASEAN 諸国の学校に行けない子どもたち』（東信堂、2023 年）

『コロナ禍に世界の学校はどう向き合ったか－子ども・保護者・学校・教育行政に迫る－』（東洋館出版社、2022 年）

『女性リーダー育成への挑戦－昭和女子大学創立100周年記念出版』（御茶の水書房、2021 年）

『シンガポールを知るための65章（第5版）』（明石書店、2021 年）

Low Fertility in Japan, South Korea, and Singapore － Population Policies and Their Effectiveness (Singapore: Springer, 2020)

『世界のしんどい学校－東アジアとヨーロッパにみる学力格差是正の取り組み』（明石書店、2019 年）

Comparative Sociology of Examinations (New York: Routledge, 2019)

High School for All in East Asia: Comparing Experiences (New York: Routledge, 2019)

編著者紹介

辻野けんま （つじの・けんま）

・執筆章→第1・6・11・15

大阪府茨木市に生まれる

2008年　京都府立大学大学院福祉社会学研究科博士後期課程　単位取得満期退学

現在　大阪公立大学大学院　文学研究科　准教授

専攻　教育経営学

主な著書　『コロナ禍に世界の学校はどう向き合ったのか──子ども・保護者・学校・教育行政に迫る』（共編著、東洋館出版社、2022年）

『学校を離れる若者たち─ヨーロッパの教育政策にみる早期離学と進路保障─』（共著、ナカニシヤ出版、2021年）

『PISA後のドイツにおける学力向上政策と教育方法改革』（共著、八千代出版、2019年）

『公教育の問いをひらく』（共著、デザインエッグ社、2018年）

『世界の学校と教職員の働き方──米・英・仏・独・中・韓との比較から考える日本の教職員の働き方改革』（共著、学事出版、2018年）

『世界の学校管理職養成』（共著、ジダイ社、2017年）

『岐路に立つ移民教育』（共著、ナカニシヤ出版、2016年）

『現代の学校を読み解く──学校の現在地と教育の未来──』（共著、春風社、2016年）

園山　大祐 _(そのやま・だいすけ)
・執筆章→第2・7・14・15

1999 年	九州大学大学院教育学研究科博士後期課程退学、博士（教育学）
現在	大阪大学人間科学研究科　教授
職歴	大分大学教育福祉科学部講師、助教授、准教授、文教大学文学部准教授、大阪大学人間科学研究科准教授を経て現職。
専門分野	比較教育制度学、教育社会学
主要テーマ	進路選択の国際比較、ヨーロッパ移民・外国人教育、フランス教育制度・政策研究、移民子孫の学業達成
主要業績	・編著書／共編著書

『教師の社会学―フランスにみる教職の現在とジェンダー―』（勁草書房、2023 年）

『コロナ禍に世界の学校はどう向き合ったのか―子ども、保護者、教育行政に迫る―』（東洋館出版社、2022 年）

『学校から離れる若者たち―ヨーロッパの教育政策にみる早期離学と進路保障―』（ナカニシヤ出版、2021 年）

『フランスの高等教育改革と進路選択―学歴社会の「勝敗」はどのように生まれるのか―』（明石書店、2021 年）

『世界のしんどい学校―東アジアとヨーロッパにみる学力格差是正の取り組み―』（明石書店、2019 年）

『フランスの社会階層と進路選択―学校制度からの排除と自己選抜のメカニズム―』（勁草書房、2018 年）

『岐路に立つ移民教育―社会的包摂への挑戦―』（ナカニシヤ出版、2016 年）

『教育の大衆化は何をもたらしたか―フランス社会の階層と格差―』（勁草書房、2016 年）

『排外主義を問いなおす―フランスにおける排除・差別・参加―』（勁草書房、2015 年）

『学校選択のパラドックス―フランス学区制と公正―』（勁草書房、2012 年）

『日仏比較 変容する社会と教育』（明石書店、2009 年）

Liberté, inégalité, individualité La, France et, le Japon, au miroir de, l'éducation, CNRS, 2008

放送大学教材　1529773-1-2411（ラジオ）

世界の学校

発　行　2024年3月20日　第1刷

編著者　園山大祐・辻野けんま

発行所　一般財団法人　放送大学教育振興会
　　　　〒105-0001　東京都港区虎ノ門1-14-1　郵政福祉琴平ビル
　　　　電話　03（3502）2750

Printed in Japan　ISBN978-4-595-32446-8　C1337